パッと
わかる

家族信託コンパクトブック

弁護士のための法務と税務

編著 弁護士 伊東 大祐
伊庭 潔
戸田 智彦
税理士 菅野 真美

第一法規

はじめに（改訂版）
―家族の財産・家業の管理・承継のための信託―

　この本の初版が出版されてから、早いもので５年が経ちました。幸いにも、信託実務に関心を持った実務家の方などにこの本をご活用いただいたり、勉強会のテキストに用いていただいたりするなど、信託実務の参考に、この本をご活用いただいているとうかがっております。高齢化社会の進行に加え、新型コロナウイルス感染拡大などの予測困難な事情に備える財産管理・承継の方法を検討する必要性を感じる状況でもあり、家族の財産の管理・承継の方法の１つである信託への関心が高まったように感じております。

　初版の出版後、家族の財産等の管理・承継のための方法としての信託（いわゆる家族信託・民事信託）については、弁護士、税理士、司法書士などの士業や、公証役場、金融機関などの関係するさまざまな業種において多くの実務経験が集積するとともに、実務上の問題点が現れることもありました。少しずつではありますが、民事信託絡みの裁判例も増加してきました。このような実務上の問題点を踏まえて、また、将来的に疑義が生じうる事項を考慮して、適正・適法な信託実務が行われるようにするために、さまざまな研究・検討がなされました。

　そのような研究・検討の成果物として、日本弁護士連合会の信託口口座開設等に関するガイドライン（2020年９月10日）及び民事信託業務に関するガイドライン（2022年12月16日）並びに判例タイムズに掲載された信託契約のモデル条項例（判タ1483号（2021年６月号）～1487号（同年10月号））の３つが挙げられます。

　日本弁護士連合会では、民事信託分野において、弁護士が適切で高度なサービスを提供できるようにする環境整備を行うために、2017年６月に、「日弁連信託センター」を設置しました。これらのガイドライン及びモデル条項例は、同センターが行った取組みの成果物でもあります。同センターの取組みについては、日本弁護士連合会のウェブサイトに公表されており、上記２つのガイドラインが掲載されています（URL：https://www.nichibenren.or.jp/activity/civil/trust_center.html）。この本の執筆者のうちの弁護士３名は、い

ずれも同センター設置時からの委員であり、伊庭潔弁護士は、2019年6月から、同センターのセンター長を務めています。

　今回の改訂版では、これらの成果物を含めたさまざまな研究・検討や、実務での経験を踏まえて、初版に引き続き、わかりやすく、平易な表現で説明するように努めました。

　また、今回の改訂版では、実務の動向及び執筆者の経験を踏まえて、「Ⅲ 信託活用スキーム」について、入れ替えを行いました。具体的には、Ⅲ1として、高齢者のための財産管理等のケースを、Ⅲ4として民事信託と任意後見を両方使用するケースを、Ⅲ5として、不動産（収益物件の管理）で借入債務が発生するケースを、新たに加筆しました。初版にて説明していた配偶者なき後問題については、新たにⅢ1として加えた高齢者のための財産管理等のケース及びⅢ2となる親なき後問題（障がいのある子の将来の生活費）と共通する部分が多いことから、また、事業承継関係のスキームである子を飛ばしての孫への信託による承継スキーム及び子が一人前になるまで番頭に任せる信託スキームについては、事業承継スキームの基本形と共通する部分が多いことから、今回の改訂版では削除しました。

　執筆者につきましては、初版に引き続き、信託実務の第一線で活躍されている伊東大祐弁護士、伊庭潔弁護士、菅野真美税理士にご参加、ご執筆いただきました。各執筆者の実務経験及び研究活動を踏まえた今回の改訂版が、より適正・適法な信託実務の運用及び発展に資するものとなりましたら幸いです。

　本書の作成にあたっては、第一法規株式会社三ツ矢沙織氏及び秀嶋紗千子氏から多大なご支援・ご尽力をいただきました。途中、私自身がコロナ感染・発症して執筆の進行が滞るなど、アクシデントもありましたが、初版に引き続き、タイミングを見計らっての適切なご進行・ご指摘をいただきました。末尾になりますが、心より御礼申し上げます。

2024年1月

弁護士　戸田　智彦

はじめに
―家族の財産・家業の管理・承継のための信託―

　この本は、家族の財産や家業（事業）の管理・承継の方法として、注目が高まり、活用例が増えている信託の法務と税務についての解説書です。信託のスキーム例、メリット、法務と税務についての解説及び注意事項について、相談を受ける弁護士などの専門家が、依頼者・相談者に、わかりやすく、平易な表現で説明し、より適切な信託の実務を進めるための参考にしていただく目的で作成いたしました。

　この本の特徴として、信託実務に精通した弁護士と税理士のコラボレーションにより執筆した書籍であるという点があります。信託への注目が高まっているとはいえ、信託については、委託者・受託者・受益者の３当事者間の法律関係を基本としつつ、信託監督人、受益者代理人や指図権者といった多数の異なる関係人も登場しますし、複雑な税制も絡みますので、弁護士にとって、その理解及び活用が難しい法制度であることは否めません。そこで、この本では、法務及び税務の両面から、家族の財産・家業（事業）の管理・承継の１つの方法として、信託の活用という方法があることを、図を多く用いながら、できる限りやさしい表現を使い、わかりやすく記載するように心がけています。

　この本の活用場面としては、弁護士が、依頼者・相談者から家族の財産や家業の管理・承継についての相談を受けるにあたって、依頼者・相談者に信託の仕組みや典型的な信託スキームの例などを説明する際の参考としていただくことを想定しています。ときには、この本に記載されているスキーム例・図を依頼者・相談者とご一緒にご参照いただきながら、それぞれの事案に合わせた信託スキームを適切に作成し、活用していただくことも想定しています。

　そのような観点から、特に、各項目の事例及びスキーム例の説明では、弁護士などの専門家が依頼者・相談者に説明する際の表現やスキーム図作成の参考になるように、平易な言葉や表現を用いるように心がけました。特に、家族・家業（事業）の財産管理・承継のための信託の設定及び受託者による信託事務の遂行にあたっては、法律専門家ではない受託者となる方にも信託について相応の理解をしていただくことが不可欠ですから、相談・依頼を受

けた弁護士などの専門家の継続的なサポートが重要となるはずです。さらに、受託者となる方だけでなく、ご家族・ご親族・家業（事業）の関係者の方々のご理解を得ながら信託のスキーム作りを行い、信託の効力発生後には受託者による適切な信託事務を進めることで、それぞれの信託の目的である財産・事業の管理や承継を円滑・適切に進めることが可能になります。

　この本の執筆には、信託実務についての実務経験及び執筆の経験が豊富であるだけでなく、数多くの専門家向けの研修会の講義や、一般の方向けの多数のセミナーを行うなどしていらっしゃり、信託実務の説明のプロでもある伊東大祐弁護士、伊庭潔弁護士、及び、菅野真美税理士にご参加いただきました。この本の執筆のために、ご多忙な中、編集会議を行いまして、事例の設定や各スキームでの記載内容について、最新の動向を踏まえた議論を重ねました。ときには議論が白熱し深夜に及びました。そのような執筆の経緯から、一方では「パッとわかる」記載に努めておりますが、他方で、その内容は、最新の実務の動向や法的な議論を踏まえたものとなっています。信託実務の第一線で活躍中の弁護士及び税理士のコラボレーションにより、形ばかりの入門書ではなく、最新の実務経験及び信託について一般の方々にご説明をされてきた経験を生かした充実した内容となっているものと考えております。

　本書が、信託に取り組もうとする弁護士の皆様の参考になりまして、より適切なスキームの構築や依頼者・相談者や関係者の方々への的確な説明に結びつき、信託による財産・家業（事業）の管理や承継を行う依頼者・相談者の皆様のお役に立つことができましたら、幸いです。

　末尾になりますが、本書の作成にあたっては、第一法規株式会社草壁岳志氏、三ッ矢沙織氏及び河田愛氏から多大なご支援・ご尽力をいただきました。忍耐強く、タイミングを見計らっての適切なご進行・ご指摘がなければ、本書の刊行までさらなる時間を要したことと思います。伊東弁護士、伊庭弁護士及び菅野税理士という実務の第一線でご活躍の先生方にご参加いただきながら、私の筆の進みが遅く時間を要しましたことをお詫びいたしますとともに、心より御礼申し上げます。

2018年8月

弁護士　戸田　智彦

執筆者一覧（2024年1月現在）

弁護士　伊東 大祐（東京弁護士会・あおぞらみなと法律事務所）

　　　　伊庭 潔（東京弁護士会・下北沢法律事務所）

　　　　戸田 智彦（東京弁護士会・立川北法律事務所）

税理士　菅野 真美（東京税理士会・菅野真美税理士事務所）

凡　　例

1．法律の内容現在について

2023（令和5）年12月1日現在の内容によった。

2．法令名略語

所得税令	所得税法施行令
信託則	信託法施行規則
信託業令	信託業法施行令
相続税令	相続税法施行令
租特法	租税特別措置法
租特令	租税特別措置法施行令
法人税令	法人税法施行令

3．通達名略語

所基通	所得税法基本通達
相基通	相続税法基本通達
租特通	租税特別措置法通達
財基通	財産評価基本通達

4．判例について

判例には、原則として判例情報データベース「D1-Law.com 判例体系」の検索項目となる判例IDを書誌事項の末尾に〔　〕で記載した。

例：最判令和4年4月19日民集76巻4号411頁〔28300941〕

目　次

家族信託について

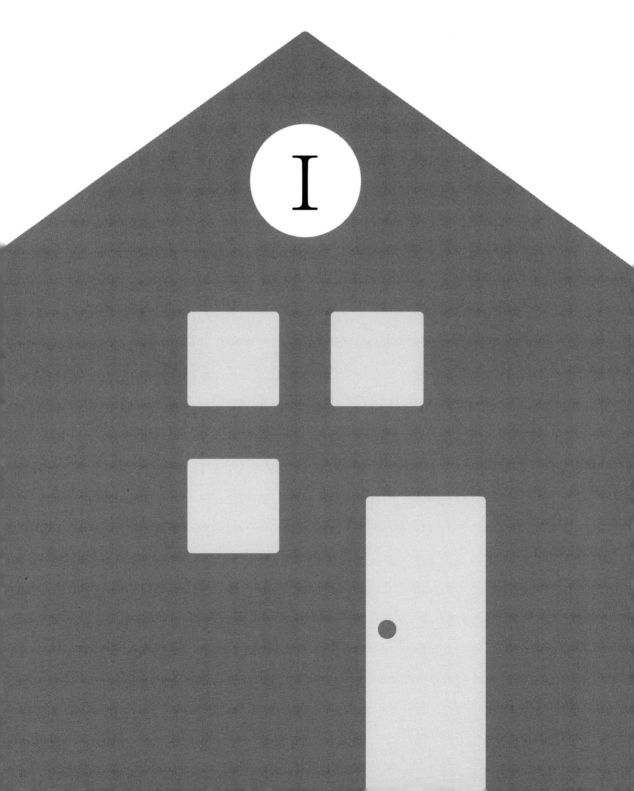

I

1 家族信託とは（民事信託・福祉信託とは）

⑴ 家族信託

　家族信託の意味について、法律上の定義はありませんが、家族の財産の管理・処分等及び遺産の承継のために信託を用いるものを家族信託ということが多いものと思います。典型的な例としては、高齢者や障がい者の権利・利益の保護のための財産管理や遺産の承継を信託によって行うものです。さらには、家業（事業）の承継やペットのために信託を活用する仕組みも、家族信託の一例ということができます。日本弁護士連合会が2020（令和2）年9月10日付で作成・公表した「信託口口座開設等に関するガイドライン」では、「家族信託とは，一般的に，委託者，受託者及び受益者等の信託の当事者ないし関係者が家族又は家族が運営に関与している法人により構成されている信託をいうとされている」と説明しています。

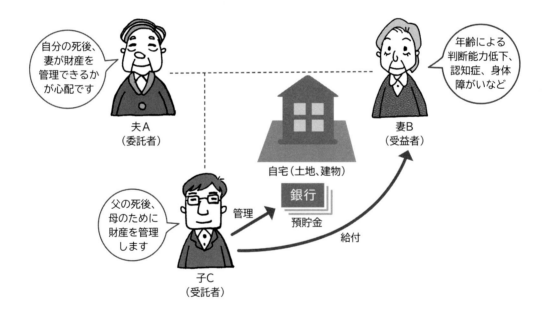

⑵ 民事信託

　家族信託と似た用語として、民事信託という用語があります。民事信託についても、家族信託と同様に、法律上の定義はありませんが、家族信託と同義のものとして使用されたり、家族の枠にとらわれない事業承継への信託活用を含めるものとして使用されたり、銀行などが商品として売り出している

投資信託などの商事信託との対比で民事信託という用語が用いられたりします。家族信託というよりも、民事信託という用語の方が、家族内ではない事業承継に信託を活用する場合や株式の信託にも問題なく使用できるという点で、家族信託よりも民事信託の方が広い概念といえるのかもしれません。なお、神田秀樹・折原誠『信託法講義〈第2版〉』弘文堂（2019年）5頁では、「民事信託は、その原因となる経済行為は、長期の財産管理制度と組み合わせられた贈与（gift）であり、主として財産の管理・承継のために利用される信託である」と定義されています。

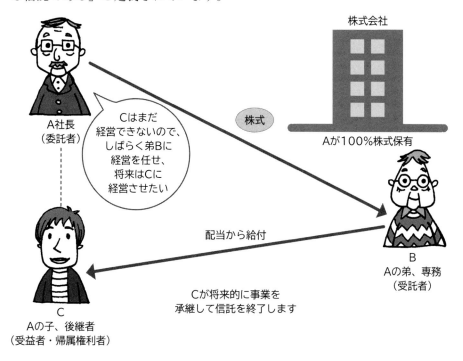

(3) 福祉信託

　信託法は2006（平成18）年に全面的に改正され、改正の際には、高齢者や障がい者のための福祉型の信託の活用が期待されていました。福祉型の信託の担い手として、弁護士への期待もあり、改正時の衆議院法務委員会では、「来るべき超高齢社会をより暮らしやすい社会とするため、高齢者や障がい者の生活を支援する福祉型の信託について、その担い手として弁護士、NPO等の参入の取扱い等を含め、幅広い観点から検討を行うこと」との附帯決議がなされ、参議院法務委員会でも同趣旨の附帯決議がなされました。

　　福祉型の信託、すなわち福祉信託についても法律上の定義はありませんが、家族信託の中で、高齢者や障がい者の生活を支援することを目的とするものということができます。その典型例として、この本の事例①及び②で取り上げる高齢者のための財産管理等や障がいのある子の親なき後問題の対策としての信託の活用が挙げられます。

⑷　小括

　　これらの家族信託・民事信託・福祉信託の用語については、厳密に区別する必要はないのでしょうが、概念としては、上記の福祉信託＜家族信託＜（または≦）民事信託という関係になります。

　　信託については、委託者・受託者・受益者という３当事者間の関係が基本となりつつ、例えば委託者兼受益者のように同一人が地位を兼ねることもできること、信託監督人や受益者代理人といった信託関係人の設置も可能であることや、形式的な権利の帰属主体となる受託者と実質的な利益の帰属主体となる受益者がいることなど、法的には理解が難しく、依頼者・相談者への説明に時間を要する部分が少なくありません。信託税制にも注意する必要があります。委託者・受託者・受益者の３当事者間の法律関係などの理解が難しい部分は、信託の柔軟性と表裏の関係にあるともいえます。この本では、まず、信託を活用するメリットについて説明したうえで、信託の典型例を紹介し、典型例を念頭に信託の意義や基本的な概念などについて記載しています。

　　以下では、家族信託の活用のメリット（機能）を記載したうえで、家族信託・民事信託の典型例として自益信託・他益信託の例をそれぞれ記載し、その後に、信託の意義・特徴及び委託者・受託者・受益者等の信託の基本的な概念を説明します。

２　信託活用のメリット（機能）

　　近年、信託の活用についての相談・実例が増えるとともに、家族信託についての書籍、セミナーや、新聞・雑誌記事等が増えています。これは、2006

（平成18）年に全面的に信託法が改正され、制度の整備がなされるとともに、高齢化社会を背景に福祉信託の活用が期待されているという状況に加え、信託には、以下に述べるメリット（機能）があるためと考えられます。

　また、この本で記載した各事例の中でもさまざまなスキームが考えられるように、事情に応じてスキームを組むことができるという柔軟性も、信託活用の大きなメリットであるといえます。

⑴　権利者の属性の転換

　信託活用のメリット（機能）として、まず、権利者を変更することにより、財産の管理・処分等をする者を変えることができる点が挙げられます。高齢となって財産管理に不安のある委託者が、子などを受託者にして財産の管理・処分等を委ねる場合が典型例です（下記3⑴）。

⑵　権利者の数の転換

　信託の設定により、受益者を複数とすることで、給付を受ける権利者を複数とすることができます。例えば、事業承継のための自社株信託において、配当による給付を受ける受益者を複数とする場合や、賃貸用不動産を信託財産とする信託において、賃料収入からの給付を受ける受益者を複数とする場合です。

⑶　財産権享受の時間的転換

　信託の効力発生時期を委託者の死亡時とするなどして、信託財産から受益者が給付を受ける時期を委託者の死後とするとともに、委託者の死後の継続的な給付を受益者が受けるようにすることができます。障がいのある子の親なき後問題対策としての信託スキーム（下記3⑵）や、配偶者なき後問題対策としての信託スキームは、このように給付を受ける時期を将来のこととし、また継続的なものとして、受益者となる障がい者や配偶者の長期的な生計の維持・確保を実現するものといえます。

⑷　財産の長期的管理

　信託の活用により、信託財産を、委託者の意思に基づいて、長期的に管理することが可能になります。障がいのある子の親なき後問題対策としての信託スキーム（下記3⑵）や、配偶者なき後問題の対策としての信託スキームは、このような長期的管理の機能に期待してのものです。受益者の生計の維持のための受託者による長期的な財産管理を実現することができる点は、他の制度にはない信託の大きなメリットといえます。

⑸　受益者連続・後継ぎ遺贈型の財産承継

　信託の活用により、信託設定後、さらには委託者の死後も、委託者の意思に基づいて受益者を第一次受益者から第二次受益者以降へと連続させ、財産の承継を実現することが可能になります。民法上の遺言では、後継ぎ遺贈型の財産承継を行うことはできませんが、信託の活用により、委託者の死後の財産承継にも、委託者の意思を及ぼすことが可能になります。例えば、委託者の死後、信託財産である自宅不動産を使用できる受益者を委託者の後妻としたうえで、第二次受益者を先妻との間の子とすることで、後妻の住居を確保しつつ、委託者の直系の子や孫に財産を承継することが可能となります。

⑹　受託者の裁量及び成年後見制度との違い

　信託の受託者は、幅広い裁量権を有しており、信託目的に従いつつも、受託者の裁量に基づく判断で信託財産の管理・処分等の信託事務の処理を行います（受託者裁量機能）。

　この点は、成年後見制度の利用の場合における後見人の事務処理とは異なるものといえます。後見人による事務処理は、実務的に、財産を維持する方向で「保守的に」行われており、成年後見制度では、財産の処分や大きな変更などの積極的な判断を要する事務処理については、事実上、困難となります。信託であれば、例えば、受託者に信託財産である賃貸アパートの建替えや自宅建物の大規模なリフォームを含む権限が与えられていれば、受託者の裁量に基づく判断及び責任の下に、建替えや大規模なリフォームを行うことができます。受託者に幅広い裁量が認められる信託を活用することにより、

より柔軟な財産の管理・処分等を行うことが可能になります。

　信託においては、いかなる財産を信託財産とするかを委託者の判断に基づいて行うことができ、財産のうちの一部を信託財産とすることができますが、成年後見制度では、本人の全財産が対象となります。管理・処分等の対象となる財産の範囲についても、信託においては柔軟な取扱いが可能です。

　また、信託においては、委託者が信託契約または遺言により財産の管理・処分等の信託事務を行う受託者を選ぶことができますが、成年後見制度のうちの法定後見では、後見申立時には本人の判断能力が低下していることが前提となり、後見人として誰を選任するかについては、申立てを受けた家庭裁判所の裁量的な判断に委ねられます。

(7)　倒産隔離

　信託においては、その効力の発生により、信託財産が委託者から受託者に移転し委託者の債権者に対する責任財産ではなくなるとともに、受託者の固有財産からも分別管理され、受託者の債権者に対する責任財産にもなりませんので、受託者が倒産しても信託財産は破産財団に属しません（信託法23条1項、25条1項）。委託者の倒産の脅威からも、受託者の倒産の脅威からも隔離されます。家族信託においては、信託の有する倒産隔離機能により、受託者による受益者のための財産の管理等が継続的に安全に行われることになります。

　信託財産は受託者に帰属していますが、受託者の固有財産とは区別されることを、信託財産の独立性といいます。

3　家族信託の典型例

(1)　高齢者の財産を管理するための信託スキーム（自益信託）

　家族信託の典型的な例としては、高齢になったＡさんが、自宅土地建物及び賃貸アパートの管理・処分等を、Ａさん自身の判断能力の低下、さらには将来的に認知症などにより適切に判断することができなくなる場合に備えて、Ａさんの子Ｂさんに、自宅土地建物及び賃貸アパートを信託財産として、信託を設定するスキームが考えられます。これは、高齢者の権利・利益

の保護のための財産管理に信託を用いるスキームであり、福祉信託の典型例ということができます。

　高齢になったＡさんが委託者兼受益者に、子Ｂさんが受託者になり、Ａさんの自宅土地建物、賃貸アパート及び管理・処分等の信託事務の遂行に必要な金銭を信託財産とするスキームになります。

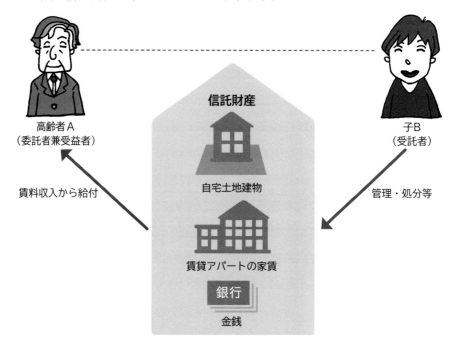

　上記の信託スキームを用いるメリットは以下の点にあります。

　高齢になり、現在・将来における自宅土地建物や賃貸アパートの管理等の事務処理に不安のあるＡさんとしては、子Ｂさんが受託者として不動産の管理をすることになりますので、自らの管理能力の不安から解放されます。

　他方で、委託者となるＡさんは、Ａさん自身の判断で、いずれの財産を信託財産とするか否かを決めることができます。上記の例では、Ａさんは、自宅土地建物、賃貸アパート及びその管理に必要な金銭を信託財産としましたが、賃貸アパート及びその管理に必要な金銭のみを信託財産とすることもできますし、当面の生活費以外の金銭・預貯金[1]を信託財産に含めることもできます。信託財産の範囲を当面の生活費以外の金銭・預貯金に広げること

1　預貯金については、銀行が譲渡禁止としているため、信託設定時には、預貯金を引き下ろして金銭としたうえで、現金で保管するか、または、別途信託口の預貯金口座を設けて信託財産としての預貯金とすることとなります。

で、委託者Ａさんが消費者事件や詐欺事件の被害を受ける可能性を減少させることができます。

　高齢者の財産を保護する制度としては、法定後見制度及び任意後見制度がありますが、いずれも、本人の判断能力の低下などの要件が定められており、加齢に伴い少々判断能力に不安が生じた程度の場合に用いることはできません。信託であれば、委託者の判断能力の低下という要件はありませんので、判断能力のあるうちに委託者としてその判断で信託を設定することができます。加えて、受託者による財産管理を、判断能力のある委託者兼受益者が監督することも可能です。

　また、成年後見制度における成年後見人による事務処理は、実務的に、財産を維持する方向で「保守的に」行われていますので、賃貸アパートの建替えや自宅建物の大規模なリフォームなどの積極的な判断を要する事項については、事実上、困難となる可能性があります。信託であれば、受託者に賃貸アパートの建替えや自宅建物の大規模なリフォームを含む権限を与えておけば、受託者の判断及び責任の下に、建替えや大規模なリフォームを行うことができます。

　任意後見制度であれば、後見人となる者を指定しておくという範囲で本人の意思が反映されますが、法定後見では、後見申立時には本人の判断能力が低下していることが前提となり、後見人に誰が選任されるかについて、（申立人が後見人候補者を挙げて申立てをすることができるものの）申立てを受けた家庭裁判所の裁量的な判断に委ねられます。信託であれば、委託者の判断により、遺言または受託者との信託契約で受託者を定めますので、受託者が誰になるのかについて委託者であるＡさん自身の判断に基づくことになります。

　このように、信託には、後見制度にはないメリットがありますので、高齢となり財産の管理等に不安を感じているＡさんの財産の管理のために、後見制度とは別途に、信託の活用が考えられます。[2]

2　高齢となったＡさんが信託を活用する前提として、適切な受託者の担い手が必要である点は、実際に信託を活用するうえでクリアしなければならない大きな課題となります。2006（平成18）年の信託法全面改正時には、福祉信託における受託者の担い手として、弁護士やNPOが役割を果たすことも考えられたのですが、信託業法の規制上、（信託法上の免許または登録を受けていない）弁護士が業として受託者となることはできませんので、家族信託においては、まず、家族・親族に受託者となることができる者がいるか否かを検討することになります。

⑵　障がいのある子の親なき後問題対策としての信託スキーム（他益信託）

　障がいのある子Ｃさんの世話をしている親Ａさんが、委託者として、将来、親Ａさんが死亡した後の子Ｃさんの生活費や施設への支払いを確保するために、賃貸アパート及び賃貸アパート管理のための金銭を信託財産として、子Ｂさんを受託者として、親Ａさんと子Ｂさんとの間の信託契約により子Ｃさんを受益者として信託を設定するスキームが考えられます。子Ｃさんの死後、子Ｂさんの子Ｄさんを残余財産の帰属者（帰属権利者）とすることにより、子Ｃさんの死後の財産の承継についても親Ａさんが定めることができます。

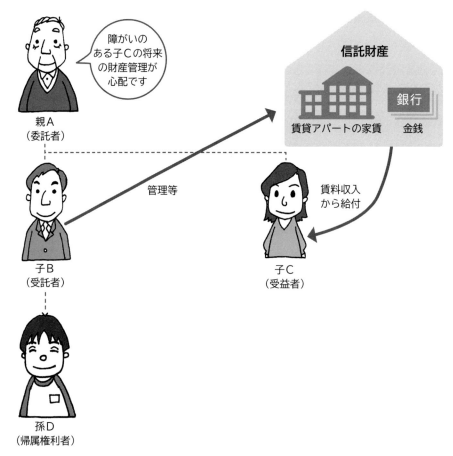

　上記の信託スキームを用いるメリットは以下の点にあります。

　まず、障がいのある子Ｃさんの将来の生計の維持・確保について、親Ａさんが、生前かつ判断能力のあるうちに、仕組みを作ることができます。子Ｃさんのために成年後見制度を利用する場合には、子Ｃさんの財産を後見人が

管理することになりますが、この信託スキームでは、委託者である親Aさんと子Bさんの信託契約の効力発生時に、信託財産である賃貸アパートが信託財産として受託者である子Bさんに形式的に移転し、受託者である子Bさんが受益者の生計の維持・確保のために信託財産となった賃貸アパート及び金銭の管理・処分等をすることになります。もっとも、委託者Aさんの死亡前に信託の効力が発生して子Cさんが受益者となると、子Cさんに対する贈与税課税の問題が生じることから、実務的には、事例②のように、親Aさんが委託者兼受益者となり、Aさんの死亡時に子Cさんが第二次受益者となる受益者連続型のスキームを用いることが多くなります。

信託を活用することで、長期的に分割して金銭を子Cさんに給付する継続的な仕組みを作ることができます。後見制度の場合のような硬直的・保守的な財産管理となることなく、受託者の裁量及び責任において、信託財産となった賃貸アパートの管理・処分等が行われることとなります。親Aさんの意向に沿って、家族・親族の状況に応じて、柔軟にサポートの仕組みを作ることができます。さらに、子Cさんの死後の財産の承継についても、親Aさんが定めることができます。

また、成年後見制度を使うことができない身体障がいの場合でも、信託であれば利用することができます。

4　信託の意義・特徴

信託は、委託者が、受益者の利益など一定の目的のために、信託財産の管理または処分及びその他の当該目的の達成のために必要な行為をすることを、受託者に委ねる制度です（信託の定義について、信託法2条1項）。

信託では、委託者から受託者に信託財産の所有権が移転する形式をとりますが、受託者には受益者の利益など一定の目的のために信託財産を管理・処分等するという制約が課されています。委託者・受託者間では、委託者が、一定の目的のために、受託者に財産を託するという関係にありますから、信託は、両者間に信認関係があることを前提としています。信託財産についての権利の帰属主体は形式的には受託者ですが、実質的な利益の帰属主体は受

益者です。受益者は受託者に対し受益権という債権を有していると考えられています（債権説）。

　このように委託者・受託者・受益者という３当事者間の法律関係を前提としている点で、信託は、２当事者間の法律関係を前提とすることが多い民法上の多くの制度とは異なる特徴を有しています。

　もっとも、信託法では、委託者・受託者・受益者の地位を同一人が兼ねることも認められています。[3]

　同一人が委託者と受益者を兼ねている信託を自益信託といい、委託者と受益者が同一人ではない本来的な形態の信託を他益信託といいます[4]。上記３⑴の高齢者の財産を管理するための信託スキームでは、委託者と受益者が同一人Ａさんですから、自益信託に分類されます。この場合には、実際には、３当事者ではなくＡさん及びＢさんの２当事者で信託が組まれています。上記３⑵の障がいのある子の親なき後問題対策のための信託スキームでは、委託者Ａさんの死亡後、委託者Ａさんと受益者Ｃさんは同一人ではありませんから、他益信託です。この場合は、委託者Ａさん、受託者Ｂさん及び受益者Ｃさんの３当事者間の法律関係になります。

　同一人が委託者と受託者を兼ねている信託を自己信託（信託宣言）といいます。自己信託については、財産の隠匿や執行免脱に悪用される危険性もあるため、公正証書その他の書面または電磁的記録による委託者の意思表示が要件として定められています（信託法３条３号）。

5　信託の基本的な概念

　信託の基本的な概念として、委託者、受託者、受益者、信託行為、信託財産について記載します。家族信託においては、主に家族・親族が受託者となることを踏まえて、受託者の地位及び義務についての記載が中心となります。

3　受益者と受託者の地位を同一人が兼ねる場合（受益権の全部を受託者の固有財産で有する状態）については、１年間継続すると信託が終了するものとされています（信託法163条２号）。

4　自益信託と他益信託を区分する基準は、「信託利益の享受主体」（主観的・目的的差異）と「委託者からの支配離脱性の有無」（客観的・構造的差異）の２点にあるとされています（新井誠『信託法〈第４版〉』有斐閣（2014年）67頁）。

また、家族信託のスキームにおいて受益者の利益保護のためにその設置を検討することの多い信託管理人等（信託監督人・受益者代理人）及び指図権者についても説明します。

（1）　委託者

ア　委託者の地位

　委託者とは、信託契約、遺言または信託宣言の方法により、信託をする者をいいます（信託法２条４項、３条）。

　委託者は、信託設定の場面において主導する立場にある信託の当事者であり、信託について相談を受けた弁護士としては、委託者となる者の意向及び理解を確認しながらスキームの検討・提案や信託契約書・遺言書の作成等の業務を進めることになります[5]。

　委託者には、自らの財産を信託財産として拠出する財産出捐者としての地位とともに、信託目的の設定者としての地位があります。

　信託設定段階では、委託者は不可欠の存在ですが、信託設定後は、不可欠の存在ではなくなります。特に、信託の本来的形態である他益信託においては、委託者は信託関係から事実上退場していく立場にあります。信託財産の管理・処分等は受託者によってなされ、信託財産についての実質的な利益の帰属主体は受益者であり、受託者の監督も受益者が中心となるからです。民法上の委任が委任者または受任者の死亡により終了する（民法653条１号）とされていることと異なり、信託は、信託契約により委託者の死亡により信託を終了させることとしていない限り、委託者の死亡により終了するものではありません。

　信託設定後の委託者の権利・諸権能の例として、以下のものが挙げられます。

　委託者は信託財産の出捐者としての地位にあることから、信託行為において残余財産受益者または帰属権利者の定めがない場合、委託者またはその相続人が信託終了時の残余財産の帰属権利者になるものとされています（信託

5　日本弁護士連合会の「民事信託業務に関するガイドライン」（2022（令和４）年12月16日）３～４頁では、民事信託の依頼者は委託者であることについて項目を設けて解説し、受託者や帰属権利者となる推定相続人主導となり、その推定相続人の利益を図ることを目的とする信託契約が作成されることのないよう注意が必要であるとしています。具体的には、委託者と面談し、親族からの不当な影響を排除しつつ意思確認をすることが望ましいとしています。

法182条2項)。

　委託者が信託目的設定者としての地位にあることから、信託の目的に反することとなるような信託の変更（信託法149条1項）、併合（同法151条1項）及び分割（同法155条1項、159条1項）については、原則として委託者を含む当事者の合意が要件とされています。また、委託者及び受益者の合意により、いつでも信託を終了することができるとされています（同法164条）。

　信託法では、受託者への監督は基本的に受益者によるものとされているものの、委託者には、受益者との合意により受託者を解任する権利（信託法58条1項）、受託者の解任を裁判所に申立てる権利（同条4項）、信託事務の処理の状況などの報告請求権（同法36条）や、書類閲覧謄写請求権（同法38条6項）などが認められています。これらの受託者監督のための権利については、委託者が主導する信託行為により、縮小することも、拡大することもできます（同法145条）。

イ　委託者適格（委託者となり得る能力）

　委託者となり得る能力については、信託法上に規定はありませんので、民法上の一般原則である行為能力（民法4条～21条）や遺言能力（同法961条）などの規定に従うことになります。委託者が制限行為能力者である場合、その信託行為（信託契約、遺言、信託宣言）については、取り消し得る行為となります。遺言信託の設定については、遺言能力（15歳以上）が必要となり、遺言能力を欠く者による遺言信託の設定は無効となります。

ウ　委託者の地位の移転

　委託者の地位は、受託者及び受益者の同意を得て、または、信託行為において定めた方法に従い、第三者に移転することができます（信託法146条1項）。委託者が複数の場合には、委託者の地位の移転には、他の委託者の同意も必要になります（同条2項）。

エ　委託者の地位の相続

　遺言信託の場合、委託者の相続人は、委託者の地位を相続により承継しな

いものと定められています（信託法147条本文）。これは、遺言信託は、委託者の死亡に基因する法定相続分と異なる財産承継を行うものであるから、委託者の相続人と受益者との間に利害対立のおそれがあり、委託者としての適切な権利行使を委託者の相続人に期待することは困難であることが理由です。ただし、信託行為に別段の定めをすることにより、委託者の地位を委託者の相続人に相続させることもできます（同条ただし書）。

遺言信託以外の信託については、委託者の相続人は原則として委託者の地位を相続することになります[6]。信託契約においては、委託者の相続人と受益者の利害対立を避けるために、委託者の相続人は委託者の地位を相続しない旨を定めること（または、委託者の死亡により委託者の権利が消滅する旨を定めること）が望ましい場合が多いと考えられます。

(2) 受託者

ア 受託者の地位

受託者とは、信託行為の定めに従い、信託財産に属する財産の管理または処分及びその他の信託の目的の達成のために必要な行為をすべき義務を負う者をいいます（信託法2条5項）。受託者は、信託関係の要であり、財産管理人として信託事務を遂行します。そのため、信託法（及び信託業法）には、受託者の信託事務や責任に関して多くの規定が設けられています。

イ 受託者適格（受託者となり得る能力）

受託者は、委託者との信認関係に基づき、信託の目的の達成のために信託財産の管理・処分等を遂行する立場にあり、その信認及び信託事務の遂行に応えるに足りる能力を有する者でなければなりません。

未成年者を受託者とすることはできないとされています（信託法7条）。これは、判断能力や財産管理能力が不十分で受託者としての適性を欠く者が受

---

6 遺言信託以外の信託において、委託者の地位が相続人に承継されることについて、上記信託法147条の反対解釈と説明する見解もあります（神田秀樹・折原誠『信託法講義〈第2版〉』弘文堂（2019年）176頁）。しかし、委託者の地位の相続性が肯定されるのは、信託法147条を持ち出してその反対解釈と説明するよりも、そもそも相続の一般原則に従ったものと説明することが適当であると考えられます（日公連民事信託研究会・日弁連信託センター「信託契約のモデル条項例（2）——公証人及び弁護士による勉強会を経て提示するモデル条項例」判例タイムズ1484号（2021年）8頁）。この点について、信託法147条の反対解釈と説明していた初版の記載を修正しました。

託者となり、当該信託が適正に運営されず、受益者に不利益ないし損害が生じることを防ぐためです[7]。

　他方で、破産者については受託者適格が認められています（否定されていません）。2006（平成18）年改正前の旧信託法では破産者の受託者適格を否定していましたが、改正法（現行法）では、破産者であっても破産財団に属する財産の管理処分権を失うだけであり信託事務の遂行に支障はないこと、破産者は受託者として信頼できないというのは懲罰的色彩が強すぎること、及び、破産者でも取締役の欠格事由とはされていない会社法331条1項の規定とのバランスなどを考慮して、受託者適格を認めています[8]。

　信託契約による信託において、受託者が信託法7条に定める信託能力に欠ける者である場合、受託者による信託行為自体に瑕疵があることになります。この場合、当該信託は絶対的に無効であり、追認も不可であり、信託は成立しないものと解されています。

　これに対し、遺言による信託において、受託者が信託法7条に定める信託能力に欠ける者である場合については、信託行為自体に瑕疵があるわけではありません。信託法6条1項及び62条では、受託者が欠けた場合に直ちに信託が終了するのではなく、裁判所が利害関係人の申立てにより受託者を選任する旨が定められています。そこで、遺言により設定された信託において受託者が信託能力に欠ける場合においても、信託法6条1項を類推適用して、裁判所による受託者の選任を認めるべきではないかとの見解があります[9]。遺言信託はその性質上、すでにやり直しがきかない（効力発生時には遺言者＝委託者が死亡してしまっている）ことから、遺言者＝委託者の最終意思をできる限り生かすためにも、可能な範囲で信託の成立を認めようとする考え方です。

7　2006（平成18）年制定（実質的に旧信託法の全面改正）の信託法7条では、未成年者の他、成年被後見人及び被保佐人を受託者とすることはできないとされていました。しかし、成年被後見人等の人権を尊重し、成年被後見人等であることを理由に不当に差別されないようにするため、各種の欠格条項の見直しがなされ、成年被後見人等の権利の制限に係る措置の適正化等を図るための関係法律の整備に関する法律（令和元年法律第37号）により、成年被後見人及び被保佐人は信託法7条の欠格事由から削除されました。

8　もっとも、信託の効力が生じた後に受託者が破産した場合は、原則として受託者の任務の終了事由とされています（信託法56条1項3号）。この規定は任意規定であり、信託行為に別段の定めがある場合には受託者の任務の終了事由とはなりません（信託法56条1項ただし書）。受託者に再生手続開始決定（民事再生法33条）・更生手続開始決定（会社更生法41条など）があった場合については、受託者の任務の終了事由とはされていません。

9　新井誠『信託法〔第4版〕』有斐閣（2014年）211頁

ウ　受託者の義務

　信託法に規定されている受託者の義務には、基本的義務としての信託事務処理義務（信託法29条1項）、一般的義務としての①善管注意義務（同条2項）、②信託事務の処理の委託における第三者の選任及び監督に関する義務（同法35条）、③忠実義務（同法30条～32条）、④公平義務（同法33条）があり、特別的義務としての⑤分別管理義務（同法34条）及び⑥帳簿作成・報告等義務（同法36条～38条）があります[10]。

（ア）信託事務処理義務

　受託者は、信託の本旨に従い、信託事務を処理しなければなりません（信託法29条1項）。受託者の信託事務処理義務の源泉は、信託行為によって方法（信託契約による場合は合意（同法3条1号）、遺言による場合（同条2号）は受託者の引受け（同法5条）、自己信託（信託宣言）の場合は単独行為としての義務負担行為（同法3条3号））は異なりますが、究極的には、受託者の意思によるものといえます[11]。

　上記の「信託の本旨に従い」とは、抽象的な信託の理念のようなものではなく、「当該信託によって達成しようとした目的」であり、個々の信託ごとに具体的内容が定められます[12]。したがって、個々の信託行為（信託契約、遺言、信託宣言）における信託目的の条項は当該信託における受託者による信託事務の処理の内容を画するものといえます。委託者となろうとする者などの相談者から依頼を受けて書類作成・検討をする弁護士は、個別の事情を十分に聴取し、事案に応じて慎重に信託目的の条項を定める必要があります。

（イ）善管注意義務

　受託者は、信託事務を処理するにあたって、善良な管理者の注意をもって、遂行しなければなりません（信託法29条2項本文、善管注意義務）。善良な管理者の注意義務の内容については、民法上の善管注意義務に関する一般理論に従って理解すればよいものとされています。義務の内容や程度の判断にあたっては、受託者個人の具体的な能力を基準とするのではなく、その受

10　前掲注9・250～251頁
11　道垣内弘人『信託法〈第2版〉』有斐閣（2022年）179頁
12　前掲注11・180頁

託者が属する社会的・経済的地位や職業等を考慮したうえで、その類型に属する者に対して一般的に要求される注意能力を基準として判断することになります。

この善管注意義務の規定は任意規定ですから（信託法29条2項ただし書）、自己の財産に対するのと同一の注意（義務違反の判断基準が義務者である具体的個人の能力が基準となります）などに軽減することができます。注意義務の水準を下げたとしても、受託者が信託財産から利得することにはならないからです[13]。

家族信託においては、委託者の子、兄弟姉妹や親しい友人など、信託事務や法律の専門家ではない者が受託者となることが想定されていますから、事案に応じて、信託契約や遺言において、注意義務の軽減規定を設け、受託者の負担を軽減することが考えられます。

もっとも、信託制度が、委託者との信認関係に基づき他者の利益のために受託者が財産の管理等を行うものである以上、注意義務をなしとすることは認められません[14]。注意義務をなしとすることは、受託者が信託財産を受益者の生計の維持などの信託目的のためではなく、自由に扱えることとなってしまうので、信託とはいえないことになるからです。

(ウ) 信託事務の処理の委託における第三者の選任及び監督に関する義務

受託者は、委託者との信認関係に基づいて信託事務の処理を委ねられた者であることから、自らその事務の全てを処理しなければならないとも考えられます。旧信託法では、そのような考え方がとられ、受託者に自己執行義務が課されていました。

しかし、現代社会においては、各分野に専門家が存在しており、適切な専門家に委ねた方が、受益者の利益が図られることになります。旧信託法においても、受託者の手足として使用される者だけでなく、弁護士、弁理士、会計士、宅建業者などの専門家を用いることは許されると解されていました。

2006（平成18）年全面改正による現行の信託法では、信託行為に第三者委

---

13 これに対し、信託会社等を受託者とする信託業法では、善管注意義務を定める同法28条に、注意義務の軽減を可能とするただし書の規定は設けられていません。
14 前掲注11・183頁

託が可能である旨の定めがある場合や、やむを得ない場合だけでなく、信託事務の処理を第三者に委託することが信託の目的に照らして相当であると認められるときには、受託者は信託事務を第三者に委託することができるとされ、第三者委託が可能となる範囲が拡大されました（信託法28条）。

　家族信託においても、信託財産である賃貸アパートの管理を不動産管理会社に依頼することが考えられますし、建替えや修繕を建設業者などに発注するのは当然のことといえます。現行法では、家族信託における受託者が第三者委託により信託事務を遂行しやすいように規定の整備がなされたことになります。

　適法な第三者委託について、受託者は、第三者の選任及び監督について責任を負います（信託法35条１項、２項）。これは、分業の進んだ現代社会において受託者が負っているのは、適切な判断の下に第三者を用い、善管注意義務の下で信託事務を遂行することであることを理由としています。信託契約などの信託行為の定めにより、第三者の行為の全てについて受託者の責任とすることも可能です。もっとも、家族や親族を受託者とする家族信託において、あえて受託者の責任を加重することは、受託者に厳しく、受託者となることを躊躇させますので、実務的には責任を加重する例は少ないものと思われます。

（エ）忠実義務

　受託者は、受益者のために忠実に信託事務の処理その他の行為をしなければなりません（信託法30条）。受託者は受益者の利益を図らなければならず、信託事務の遂行において、自己の利益を図ってはならないというものです。その具体的な例として、利益相反行為の制限（同法31条）及び競合行為の制限（同法32条）の規定が設けられています。

（ａ）利益相反行為

　利益相反行為について、信託法31条１項では以下の４類型を規定して、原則として禁止しています。

①　自己取引

　信託財産に属する財産（当該財産にかかる権利を含む）を固有財産に帰属させ、または固有財産に属する財産（当該財産にかかる権利を含む）を信託財産

に帰属させること。

　例えば、信託財産に属する土地や建物を受託者が購入することです。受託者が信託事務の遂行において対価の設定等において自己の利益を図り利得することを防ぐための規定ですが、適正な価格での取引であったとしても、原則として禁止される行為となります。

②　信託財産間取引

　信託財産に属する財産（当該財産にかかる権利を含む）を他の信託の信託財産に帰属させること。

　複数の信託の受託者となっている者が、それらの信託間で取引をすることを原則として禁止しています。一方の信託に不利益を与え他方の信託に利益を生じさせる危険があるからです。

③　双方代理的行為

　第三者との間において信託財産のためにする行為であって、自己が当該第三者の代理人となって行うもの。

　この場合も、信託財産に不利益を与え第三者に利益を生じさせる危険があることから、原則として禁止されています。

④　間接取引

　受託者が自己の債務の履行の担保として信託財産に属する財産に担保権を設定する場合など、第三者との取引であって受託者またはその利害関係人と受益者の利益が相反することとなるもの。

　この場合も、信託財産に不利益を与え第三者に利益を生じさせる可能性が高い行為であることから、原則として禁止されています。

　例外的に、以下の各場合には、利益相反取引が許容されます（信託法31条2項）。

（ⅰ）信託行為に当該行為を許容する旨の定めがあるとき

（ⅱ）受託者が重要事実を開示して受益者の承認を得たとき

（ⅲ）相続その他の包括承継により信託財産に属する財産にかかる権利が受託者の固有財産に帰属したとき

（ⅳ）受託者が当該行為をすることが信託の目的の達成のために合理的に必要と認められる場合であって、受益者の利益を害しないことが明らか

であるとき、または当該行為の信託財産に与える影響、当該行為の目的及び態様、受託者の受益者との実質的な利害関係の状況その他の事情に照らして正当な理由があるとき

　受託者は、利益相反行為をしたときは、信託法31条2項の例外に該当すると判断する場合であっても、そのような行為についての重要な事実を受益者に通知しなければなりません（信託法31条3項）。

　受託者が利益相反行為のうちの自己取引（信託法31条1項1号）または信託財産間取引（同項2号）を行い例外として許容される事由にあたらない場合には、これらの行為は無効とされています（同条4項）。これらの取引は、第三者との関係が生じないので、その効力を否定して元に戻すという考え方です。ただし、受益者は追認することもできます（同条5項）。

　これに対し、受託者が利益相反行為のうちの双方代理的行為（信託法31条1項3号）または間接取引（同項4号）を行い例外として許容される事由にあたらない場合には、これらの行為は無効にならず、第三者が利益相反行為禁止に反することについて悪意または重過失の場合に限り、受益者はかかる行為を取り消すことができます（同条7項）。

（b）競合行為

　受託者は、受託者として有する権限に基づいて信託事務の処理としてすることができる行為であって、これをしないことが受益者の利益に反するものについては、これを固有財産または受託者の利害関係人の計算で行ってはならないとされています（信託法32条）。例えば、受託者が信託事務の遂行として適切な土地の購入をしようとしていたところ、適切な土地を見つけましたが、その土地が短期的に値上がりしそうだったので受託者が固有財産とするために購入した場合です。信託財産が増加する可能性を受託者が横取りする関係になりますので、忠実義務に違反する行為といえます。

　もっとも、受託者自身の立場を完全に制約することもできませんので、信託行為に当該行為を固有財産または受託者の利害関係人の計算ですることを許容する旨の定めがあるとき（信託法32条2項1号）及び受託者が当該行為を固有財産または受託者の利害関係人の計算ですることについて重要な事実を開示して受益者の承認を得た場合（同項2号。ただし、信託行為に禁じる定

めがある場合を除く。）には、競合行為が許容されます。

　受託者は、信託法32条１項に規定される行為を固有財産または受託者の利害関係人の計算でした場合には、受益者に対し、当該行為についての重要な事実を通知しなければなりません（信託法32条３項本文）。ただし、信託行為に別段の定めがあるときは、その定めるところによります（同項ただし書）。

　信託法32条１項及び２項に違反する競合行為が行われた場合には、受益者は、当該行為は信託財産のためにされたものとみなすことができます（信託法32条４項本文）。ただし、第三者の権利を害することはできません（同項ただし書）。この権利は、当該行為の時から１年を経過したときは、消滅します（同条５項）。

（オ）公平義務

　受益者が２人以上ある信託においては、受託者は、受益者のために公平にその職務を行わなければならないとされています（信託法33条）。

　公平義務は、同等のものは同等に扱わなければならないという意味では、単純なようにみえますが、受益者複数の場合には、受益者の地位や権利はさまざまであることがあり、給付の内容が同質であるが異時のものであったり、優先順位があったり、給付の内容が異質である場合（例えば、ある受益者には自宅の使用利益を、他の受益者には賃貸アパートの賃料収入の一部を、それぞれ給付する場合）など、多岐にわたります。概略としては、公平義務として、受益者の地位や権利が同内容であるときは、等しい取扱いが要請され、受益者の地位や権利が同内容でないときは、一方や一部の受益者に偏ることのない取扱いが要請されます[15]。受託者に信託事務の遂行について裁量があるとはいえ、公平義務に違反して一部の受益者に有利な取扱いや、一部の受益者の利益に目をつぶって信託財産の管理・処分をすることは許されません。

（カ）分別管理義務

　信託財産は、形式的には受託者に所有権が帰属する財産となりますが、受

15　公平義務は、受益者との間で（あるいは受益者に対して）の行為や受益者の利害を左右する行為をするにあたり、等しいものは等しく（平等取扱い）、等しくないものは偏ることなく（偏頗禁止）、受託者が職務を遂行することを要請しています（道垣内弘人編著『条解信託法』弘文堂（2017年）269頁）。

託者の固有財産や他の信託財産とは区別されなければなりません。受託者は、信託財産を、自己の固有財産及び他の信託財産と区分して管理する義務を負います（信託法34条）。

　分別管理義務を受託者に課している理由は、信託財産の特定性の確保及び受託者の忠実義務違反の抑止にあります。特に、強制執行などの場面においては、信託財産の特定性が確保されていなければ、信託財産であることの証明が困難になりますので、受託者は、信託の倒産隔離機能の実効性を確保するためにも、分別管理義務を果たさなければなりません。

　不動産などの信託法14条の登記または登録をすることができる財産については、当該信託の登記または登録により分別管理します（信託法34条１項１号）。この登記または登録義務については、強行規定とされています（同条２項）。

　信託法14条の登記または登録することのできない財産については、上記と異なり任意規定であり（信託法34条１項ただし書）、信託行為で定めることができますが、信託行為に定めがない場合について、以下のとおり定められています。

イ　動産については、信託財産に属する財産と固有財産及び他の信託の信託
　財産に属する財産とを外形上区別することができる状態で保管する方法

ロ　金銭その他のイに掲げる財産以外の財産については、その計算を明らか
　にする方法

　また、第三者対抗要件が信託法以外の法律によって定められている財産については、法令の規定に従い信託財産に属する旨の記載または記録をするとともに、その計算を明らかにする方法を分別管理方法とします（信託法34条１項３号、信託則４条）。例えば、振替社債、振替株式、振替国債などです。

（キ）帳簿作成・報告等義務

　受託者は、委託者からの委託に基づいて、受益者のために信託財産の管理・処分等をしています。そこで、委託者または受益者は、受託者に対し、信託事務の状況並びに信託財産に属する財産及び信託財産責任負担債務の状況について報告を求めることができるとされています（信託法36条）。受託者からみると、委託者及び受益者に対して報告義務を負っていることになりま

す。

　また、受託者は、信託事務に関する計算並びに信託財産に属する財産及び信託財産責任負担債務の状況を明らかにするため、法務省令で定めるところにより、信託財産にかかる帳簿その他の書類または電磁的記録を作成しなければなりません（信託法37条1項）。受託者は毎年1回、一定の時期に、法務省令で定めるところにより、貸借対照表、損益計算書その他の法務省令で定める書類または電磁的記録を作成しなければならず（同条2項）、作成したときは、その内容について受益者（信託管理人が現に存する場合にあっては、信託管理人）に報告しなければなりません（同条3項）。

　受益者は、信託法37条に定める書類等について、閲覧または謄写を請求することができます（信託法38条）。これにより、受益者による受託者に対する監督の実効性が確保されます。

エ　受託者の責任等

　受託者がその任務を怠ったことによって信託財産に損失が生じた場合、受託者はその損失をてん補する責任を負います（信託法40条1項1号）。また、受託者がその任務を怠ったことによって信託財産に変更が生じた場合、受託者は現状を回復する責任を負います（同項2号）。

　忠実義務違反の場合の受託者の責任については、損失額の推定の特則があります。受託者に忠実義務に違反する行為があったときは、当該行為によって受託者またはその利害関係人が得た利益の額と同額の損失を信託財産に生じさせたものと推定されます（信託法40条3項）。忠実義務違反行為があった場合の信託財産の損失を受益者が立証するのは困難であるところ、受託者が固有財産で利益を得ているときにはその利益の額を信託財産の損失額と推定することにより、立証の困難さを軽減するものです。

　受託者が法令もしくは信託行為の定めに違反する行為をし、またはこれらの行為をするおそれがある場合において、当該行為によって信託財産に著しい損害が生ずるおそれがあるときは、受益者は、当該受託者に対し、当該行為をやめることを請求することができます（信託法44条1項）。事後的な救済手段では実効性があるとは限らないことから、受託者の義務違反行為を事前

に防ぐための手段として受益者に差止請求権を認めたものです。

オ　受託者の費用・報酬等

　受託者は、信託事務を処理するのに必要と認められる費用を固有財産から支出した場合には、信託財産から当該費用及び支出の日以後におけるその利息の償還を受けることができます（信託法48条1項）。受託者は、信託財産からその前払いを受けることもできます（同条2項）。いずれも、信託行為により別段の定めがあるときは、その別段の定めに従います。実務的には、信託契約書や遺言書に受託者の費用について定めがあれば受託者としても安心して事務処理費用を信託財産から支出することができますし、受益者の家族・親族にとっても信託財産から支出する理由が明確となりますから、信託法の規定と重複するとしても、受託者の事務処理費用についての規定を設けることが考えられます。

　受託者の報酬については、委任における受任者と同様に原則は無償となりますが、信託の引受けについて商法512条の適用がある場合（商人がその営業の範囲内において他人のために信託を引き受ける場合）の他、信託行為に受託者が信託財産から信託報酬（信託事務の処理の対価として受託者の受ける財産上の利益）を受ける旨の定めがある場合に限り、信託財産から信託報酬を受けることができます（信託法54条1項）。信託報酬の額は、信託契約などの信託行為により信託報酬の額または算定方法に関する定めがあるときはその定めがあるところにより、その定めがないときは相当の額となります（同条2項）。信託報酬の定めがないときには、受託者は、信託財産から信託報酬を受けるには、受益者に対し、信託報酬の額及びその算定の根拠を通知しなければなりません（同条3項）。

　家族信託においては、家族・親族が受託者となりますので、無償とすることも少なくないと思われますが、長期的に財産の管理・処分等の信託事務を行う受託者の継続的な負担を考慮すると、家族・親族であっても、信託報酬を受けることとするのが、信託事務を適切に遂行するうえで有効であることも考えられます。実務的には、受託者が報酬を受けるのか否かを信託契約書などの信託行為で明確にするとともに、受託者が報酬を受けることとするのであ

れば、信託契約書または遺言信託における遺言書において、信託報酬の額または算定方法に関する定めを設けて明確にすることが望ましいといえます。

カ　受託者の任務の終了事由

受託者の任務は、以下のとおり、信託法56条１項所定の事由が生じた場合に終了します。

(ア) 受託者の死亡または能力喪失・破産

受託者の死亡または能力喪失（信託法56条１項１号〜４号）が受託者の任務の終了事由とされています。このうち受託者の後見開始、保佐開始または破産については、信託行為に別段の定めがあるときには任務は終了しないとされています（同項ただし書、２号、３号）。

(イ) 受託者の辞任

受託者は、信託行為に別段の定めがない限り、委託者及び受益者の同意を得たときに、辞任により任務を終了するとされています（信託法56条１項５号、57条１項）。受託者は、やむを得ない事由があるときは、裁判所の許可を得て、辞任することができます（同法57条２項）。

(ウ) 受託者の解任

委託者と受益者は、いつでも、その合意により、受託者を解任することができます（信託法56条１項６号、58条）。ただし、受託者に不利な時期に解任した場合には、委託者及び受益者は、受託者の損害を賠償しなければなりませんが、やむを得ない事由があったときは損害賠償責任が免責されます（同法58条２項）。

(エ) 信託行為において定めた事由

信託行為において受託者の任期に期限が定められていた場合などの信託行為において定めた事由があるときには、その事由が受託者の任務の終了事由になります（信託法56条１項７号）。

キ　信託業法（受託者の担い手問題）

2004（平成16）年に改正された現行の信託業法では、営業信託（商事信託。受託者がその営業として引き受ける信託）について、受託者となり得る者につ

いて厳格な規制（免許または登録）を定めています。

　まず、信託業法における営業信託の受託者の原則的な形態である運用型信託会社については、資本金が１億円以上であること（信託業法５条２項２号、信託業令３条）や、「定款及び業務方法書の規定が法令に適合し、かつ、信託業務を適正に遂行するために十分なものであること」、「人的構成に照らして、信託業務を的確に遂行することができる知識及び経験を有し、かつ、十分な社会的信用を有していること」（信託業法５条１項１号、３号）などの要件を満たし内閣総理大臣から信託業の免許を受けた会社とされており、かかる免許を受けた会社（基本的に株式会社）のみが受託者となることができます。

　次に、受託者の裁量の幅・権限の範囲が狭い管理型信託業のみを行う管理型信託会社[16]については、資本金が5,000万円以上であること（信託業法10条１項２号、信託業令８条）などの要件を満たし内閣総理大臣の登録を受けることが要件とされています。

　これらの要件を満たすか否かについての金融庁の監督は厳しく、規制を満たすだけの信託会社を設立し運営を継続するには、専門的な人材の確保や厳格な事務処理等の相当のコストを要することから、信託会社が受託者を引き受ける場合であっても、その報酬は、一般的な家族のための信託では見合わない高額なものになる傾向があります。実際に、弁護士の中には、資本金を用立てて信託会社を設立したものの、銀行などの金融機関への規制を前提としている金融庁による規制が厳しく、規制を満たすための信託会社の運営コストが想定したよりも高くなり、見込まれる信託報酬には見合わないことから、信託業から撤退した場合があるようです。

　2004（平成16）年の信託業法改正においては、その目的の１つとして、信託の担い手の拡大が挙げられ、2006（平成18）年の信託法全面改正においても、福祉信託における担い手として弁護士やNPOが挙げられていました。

16　委託者または委託者から指図の権限の委託を受けた者（委託者または委託者から指図の権限の委託を受けた者が株式の所有関係または人的関係において受託者と密接な関係を有する者として政令で定める者以外の者である場合に限る。）のみの指図により信託財産の管理または処分（当該信託の目的の達成のために必要な行為を含む。）が行われる信託、及び、信託財産につき保存行為または財産の性質を変えない範囲内の利用行為もしくは改良行為のみが行われる信託、のみの引受けを行う営業を管理型信託業といいます（信託業法２条３項）。

実際に、2006（平成18）年の信託法全面改正後、時間を要したものの、福祉信託を含む家族のための信託への注目は高まっています。それにもかかわらず、信託法及び信託業法の改正から17年以上が経過した今日に至っても、信託の担い手、とりわけ福祉信託を含む家族のための信託について業として受託者となることができるのは、依然として信託業の免許または登録をした株式会社に限られ、公益法人や弁護士法人には認められていません[17]。これは、受託者に関する法改正が現実の社会の需要に応えていないものといえます。

　そのような事情から、上記の典型例で示しているように、この本における信託スキームの例でも、委託者の子などの家族・親族が受託者になる場合を想定しています。家族・親族など委託者になろうとする者の身近に、受託者として適切な者が見当たらない場合には、家族のために信託を活用することができず、家族のために信託を設定して長期的・継続的に安定した給付を事案に応じた柔軟なスキームにより実現しようとする委託者となろうとする者の目的や、障がい者や高齢者などの受益者として想定される者の利益保護を実現することが困難になります。

(3)　受益者

ア　受益者及び受益権の定義など

　受益者は、信託財産からの経済的利益の帰属主体であり、信託法では、「受益権を有する者」と定義されています（信託法２条６項）。受益権とは、「信託行為に基づいて受託者が受益者に対し負う債務であって信託財産に属する財産の引渡しその他の信託財産に係る給付をすべきものに係る債権（以下「受益債権」という。）及びこれを確保するためにこの法律の規定に基づいて受託者その他の者に対し一定の行為を求めることができる権利」と定義されています（同条７項）。

　信託においては、不特定の者を受益者とすることも、まだ生まれていない

17　なお、信託銀行は、賃貸不動産の管理などの個別対応を要する家族のための信託については、小規模であり信託報酬面で見合わないことや、不動産を信託財産とする信託の受託者となった場合に生じうる所有者として責任（民法717条）の負担が重いことが理由と思われますが、事実上、受託者として信託業務を引き受けることはないようです。

（胎児としてもいない）孫のようにいまだ存在しない者を受益者とすることもできます。

受益者は、受託者に事務処理状況の報告（信託法36条）を求めるなど、信託事務の遂行が適切に行われているか否かを監督する権限を有しており、受託者の監督者としての地位もあります。

しかし、受益者が不特定・未存在の場合には、受託者に対する監督権限の行使は困難です。受益者が現に存する場合にも、福祉信託にみられるように、受益者に障がいがある場合や高齢や未成年である場合などにおいては、監督権限を十分に行使することは困難です。このため、信託法では、監督権限を代替させるため、信託監督人や受益者代理人の制度を設けています。家族信託においては、受益者が十分な監督権限を行使することができないことが多いことから、信託監督人や受益者代理人の設置について検討することが少なくありません[18]。

イ　元本受益権と収益受益権

受益権については、信託法上の定義はないものの、元本受益権と収益受益権に分けられることがあります。例えば、土地を信託財産として、土地自体ないし土地が売却された場合に代金を受け取る権利を元本受益権とし、土地の賃料収入を受け取る権利を収益受益権とする場合です。

課税上は経済的利益の帰属主体の把握が重要であることから、相基通9－13において、元本受益権及び収益受益権について定義されています。この通達では、「信託に関する権利のうち信託財産の管理及び運用によって生ずる利益を受ける権利」を収益受益権、収益受益権を有する者を収益受益者とし、「信託に関する権利のうち信託財産自体を受ける権利」を元本受益権、元本受益権を有する者を元本受益者と定義しています。

ウ　残余財産受益者（残余財産の帰属）

残余財産の帰属について、信託法182条1項では、残余財産受益者または

18　なお、受益者の定めのない信託を目的信託といい（信託法258条以下）、目的信託においては、委託者に受託者を監督する権限があるものとされています（同法260条1項）。

帰属権利者となるべき者として指定された者に帰属すると定めています。信託行為において残余財産の給付を内容とする受益債権にかかる受益者を残余財産受益者と定義し（信託法182条１項１号）、信託行為において残余財産の帰属すべき者を帰属権利者と定義しています（同項２号）。残余財産の帰属者については、信託行為の定め方によって、信託の終了事由の発生前から受益者としての権利を有する者である残余財産受益者と、終了後に受益者としての権利を有する者である帰属権利者の２類型に分けられています。

　残余財産受益者は、信託の終了前から受益者としての権利を有しているのに対し、帰属権利者は、信託の清算中は受益者とみなすとされ（信託法183条６項）、信託の終了後、清算中にのみ受益者としての権利を有している点に違いがあります。

　実際の家族信託のスキームを検討する場合において、残余財産受益者を定めるか帰属権利者を定めるかは、その事案に応じて選択することになりますが、残余財産の帰属先を明確にするために、信託契約書や信託について定める遺言書において、いずれかを定めておくことが望ましいといえます。

エ　遺言代用信託（委託者の死亡の時に受益権を取得する旨の定めのある信託）

　委託者の死亡の時に受益権を取得する旨の定めのある信託は、受益者となるべき者に、受益権を遺贈するのと同様の効果があることから、遺言代用信託と呼ばれます。信託法90条１項は、遺言代用信託として、「委託者の死亡の時に受益者となるべき者として指定された者が受益権を取得する旨の定めのある信託」（信託法90条１項１号）及び「委託者の死亡の時以後に受益者が信託財産に係る給付を受ける旨の定めのある信託」（同項２号）を定め、民法上の遺贈や死因贈与において遺言者の最終意思を尊重し、いつでも遺言者が撤回できることと同様に、これら遺言代用信託において、委託者は受益者を変更できる権利を有する旨を定めています。

　遺言代用信託については、信託契約により設定することができ、また、委託者の死亡まで、受託者の信託事務の遂行の監督に関わる権利（信託法145条２項）が委託者に与えられ、受託者が受益者に対して通知、報告、承認を求める義務を負う場合について（同条４項）、受託者は委託者に対して義務を

負うこととしています（同法148条）。

　委託者に受益者変更権があるだけでなく、委託者が受託者を監督することができる点や、委託者死亡後の継続的給付の定めも可能である点などにおいて、遺言代用信託には、遺贈・死因贈与にはないメリットがあります。親なき後問題や配偶者なき後問題を解決するための信託を典型例とする福祉信託において、遺言代用信託の活用が考えられます。

　なお、遺言代用信託の場合においても、委託者の遺産について遺留分侵害額請求権（民法1046条）の対象となりますので、遺留分にも配慮した信託スキームを検討する必要があります[19]。

オ　後継ぎ遺贈型の受益者連続信託

　信託法は、「受益者の死亡により、当該受益者の有する受益権が消滅し、他の者が新たな受益権を取得する旨の定め（受益者の死亡により順次他の者が受益権を取得する旨の定めを含む。）のある信託」、すなわち後継ぎ遺贈型の受益者連続信託について規定しています（信託法91条）。例えば、委託者Aが、自己所有の自宅土地建物を信託財産とし、弟Bを受託者、妻Cを受益者として、当該土地建物での居住を受益権の内容とする信託を設定し、妻Cの死亡後は委託者Aの子Dを受益者とする場合です。委託者Aが、第一次受益者を委託者Aとし（委託者兼受益者）、第二次受益者を妻Cとし、残余財産受益者を子Dとするスキームも考えられます。

　株式会社のオーナー経営者や賃貸不動産所有者にとっては、家業（事業）を円滑に子や孫の代に承継させるために活用が考えられる方法であるとともに、福祉信託においても、受益者とした障がいのある子や高齢の配偶者が死亡した後の財産の承継に委託者の意思を反映させることができる方法ですから、同様に活用が考えられます。

　信託法91条では、後継ぎ遺贈型の受益者連続信託について、当該信託がされた時から30年を経過した時以後に現に存する受益者が当該定めにより受益

19　日本弁護士連合会の「民事信託業務に関するガイドライン」（2022（令和4）年12月16日）8〜9頁では、遺留分への配慮の必要性について解説しています。信託においても、民法の遺留分の規定が適用されることから、信託スキームの検討にあたっては、遺留分についての検討が必要となります。

権を取得した場合であって当該受益者が死亡するまで、または当該受益権が消滅するまでの間、その効力を有するとして、受益権の取得期間を制限しています。この期間制限は、委託者が死後も長期間にわたり信託財産にその意思を反映できるものの、後継ぎ遺贈型の受益者連続信託については概ね孫の世代までその意思を反映することを認めたものといえます。

　なお、後継ぎ遺贈型の受益者連続信託においても、委託者の遺産は遺留分侵害額請求権の対象となりますので、信託スキームを検討する際には、遺留分に配慮する必要があります[20]。

(4)　信託行為

　信託を設定する法律行為を信託行為といい、信託行為には、信託契約、遺言及び信託宣言の３種類があります（信託法２条２項）。信託宣言は委託者＝受託者というやや特殊な形態となりますので、家族信託においては、信託契約または遺言が信託行為として用いられるものと想定されます。

　なお、信託行為は、信託を設定する法律行為であり、信託設定後（効力発生後）に受託者が信託財産の管理・処分等として行う行為は信託事務といいます。

　信託契約は、委託者となる者が、受託者となる者との間で、受託者に対しある財産を移転し、受託者となる者が、受益者の利益など一定の目的に従い、財産の管理や処分など、その目的達成に必要な行為をする義務を負う旨を定める契約を締結する方法です（信託法３条１号）。信託の効力発生時については、信託契約成立時とすることも、委託者の死亡時とするなど契約で定めた一定の時期とすることもできます。

　遺言による信託は、委託者となる者（遺言者）が、受託者となる者に対して遺言により財産を移転し、受託者となる者が、受益者の利益など一定の目的に従い、財産の管理や処分など、その目的達成に必要な行為をする旨を内容とする遺言をする方法です（信託法３条２号）。遺言による信託の効力発生

20　東京地判平成30年9月12日金融法務事情2104号78頁〔28264792〕では、後継ぎ遺贈型の受益者連続信託について、「本件信託のうち、経済的利益の分配が想定されない上記（中略）の各不動産を目的財産に含めた部分は、遺留分制度を潜脱する意図で信託制度を利用したものであって、公序良俗に反して無効である」と判示しています。

時は遺言の効力発生時となりますので、委託者となる遺言者の死亡時に効力が生じます。

信託宣言は、特定の者が一定の目的に従い自己の有する一定の財産の管理または処分及びその他の当該目的の達成のために必要な行為を自らすべき旨の意思表示を公正証書その他の書面または電磁的記録で当該目的、当該財産の特定に必要な事項その他の法務省令で定める事項を記載しまたは記録したものによってする方法です（信託法3条3号）。委託者自らが受託者となる方法であり、外形上はわかりにくいものであることから、公正証書等の作成が要件となっています。

(5) 信託財産

信託財産とは、受託者に属する財産であって、信託により管理または処分をすべき一切の財産をいいます（信託法2条3項）。信託の設定により、信託財産の所有権が委託者から受託者に移転し、受託者は、信託財産について、受益者の利益等の一定の目的のために管理・処分等の信託事務を遂行します。これに対し、受託者に属する財産であって、信託財産に属する財産でない一切の財産を固有財産といいます（同条8項）。

金銭に見積もり得る積極財産であれば信託法2条1項及び3項の財産に該当し、金銭、不動産、有価証券、株式、特許権等の知的財産権や特許を受ける権利も信託財産になり得ます。

しかし、譲渡禁止特約の付いた債権などの移転することのできない権利は原則として信託財産となりません。家族信託に関しては、譲渡禁止が付された金融機関への預貯金債権の取扱いに注意する必要があります。預貯金債権自体を信託財産とすることはできないことから、例えば、信託契約において委託者が預貯金を引き出して現金としたうえで受託者が信託口の預貯金口座を開設して管理するといった方法を定めておくことが考えられます。

預貯金の信託口口座の開設及び開設された口座での管理は、家族信託・民事信託における受託者による財産管理において重要なものとなりますが、金融機関ごとに取扱いの有無自体に違いがありますし、取扱いがあったとしてもその要件・条件・必要書類、その口座での取扱い（キャッシュカード発行

の有無、ネットバンク対応の有無など）が異なります。実務的に、金融機関から、公正証書で作成された信託契約書の提示を求められることが通常ですが、その記載内容・表現については、信託契約の公正証書作成前に、信託口口座を開設しようとする金融機関との間で、十分に確認することが求められます。

　金融機関ごとに取扱いに違いがあるという状況を踏まえつつ、多くの金融機関において任意の判断により採用可能な実務が確立できるようにすることを目的に、日本弁護士連合会では、その信託センターの取組みの1つとして、2020（令和2）年9月10日に「信託口口座開設等に関するガイドライン」を策定・公表しました（日弁連信託センターのウェブサイトのURL：https://www.nichibenren.or.jp/activity/civil/trust_center.html）。このガイドラインは、あくまでも民事信託に関わる専門家たる弁護士に、信託口口座の在り方を示すとともに、金融機関において疑問を感じるであろうと思われる点について整理を示すという位置づけであり、拘束力はありませんが、実務的に、金融機関の担当者から、このガイドラインの記載について確認の質問を受けることもあり、金融機関の担当者においても、このガイドラインを踏まえた対応をしていることが増加しているという印象があります。したがって、相談・依頼を受けた弁護士等の専門家としては、金融機関との連絡・確認においても、依頼者への助言においても、このガイドラインを踏まえた対応が求められるようになっていると考えられます。

　信託財産は形式的には受託者名義となりますが、受益者が実質的な利益の帰属主体であり、受託者は、信託財産を固有財産と分別して管理しなければなりません（信託法34条）。信託財産が固有財産とは別扱いされることを信託財産の独立性といいます。信託財産の独立性から、例えば、受託者の債権者は信託財産に属する財産に強制執行をすることができず（同法23条1項）、受託者が破産開始決定を受けても信託財産に属する財産は破産財団には属しませんし（同法25条1項）、受託者の債権者は原則として受託者に対する債権と信託財産に属する債権とを相殺することはできません（同法22条）。

⑹　信託管理人、信託監督人及び受益者代理人

　信託法では、受益者の利益を保護し、受託者の信託事務の遂行を監督する者として、信託管理人（信託法123条～130条）、信託監督人（同法131条～137条）及び受益者代理人（同法138条～144条）の制度を設けています。

　この点に関して、日本弁護士連合会の2022（令和４）年12月16日の「民事信託業務に関するガイドライン」14頁では、「１　民事信託では、受託者に対する実効性ある監督を行うため、原則として、受託者に対する監督機関（信託監督人又は受益者代理人）を設置する。」「２　受託者に対する監督機関（信託監督人又は受益者代理人）には、信託契約の締結に関わった弁護士が就任することが望ましい。」と記載し、受託者に対する監督の必要性と、関与した弁護士による継続的な関与について解説しています。依頼者から相談を受けた弁護士等の専門家としては、信託についての業務では、信託スキームを提案し、信託契約書を作ればよいというものではなく、信託の効力が生じた後も、適正・適法な信託実務が行われるように、信託監督人に就任するなどの方法で継続的に関与することが望まれていることに留意しなければなりません。

ア　信託管理人

　信託管理人は、受益者が現に存しない場合に、信託行為によってまたは利害関係人の申立てにより裁判所によって選任されます（信託法123条１項、４項）。受益者が現に存しない場合とは、例えば、まだ生まれていない子を受益者とする信託の場合や、受益者の定めのない信託（目的信託）です。１人でも受益者がいる場合には、信託管理人を選任することはできません。信託管理人は、原則として、受益者のために、自己の名をもって、受益者の権利に関する一切の裁判上または裁判外の行為をする権限を有します（同法125条）。

　信託管理人は、受託者に費用を請求することができ（信託法127条１項）、商法512条の規定の適用がある場合（商人の報酬請求権）の他、信託行為に定めがある場合には報酬を請求することができます（信託法127条３項）。

　信託管理人の事務は、受益者が現に存するに至ったことにより終了します

（信託法130条1項1号）。

　家族信託においては、受益者は現に存するが受益者による受託者の十分な監督を期待できない場合が多いと思われますので、信託管理人よりも信託監督人または受益者代理人を活用することが多いと思われます。

イ　信託監督人

　信託監督人は、受益者が現に存する場合に、信託行為によって指定されます（信託法131条1項）。また、受益者が受託者の監督を適切に行うことができない特別な事情がある場合には、利害関係人の申立てにより裁判所が信託監督人を選任することができます（同条4項）。このような裁判所による選任の場合の要件から、信託監督人は、受益者が受託者を適切に監督することができないときに設けられる機関として想定されています。このような想定があることから、実際に信託監督人になる者としては、家族・親族の他、弁護士などの専門職を選ぶことが考えられます。

　信託監督人は、受益者のために、自己の名をもって、信託法92条各号の権利を行使することができます（信託法132条）。信託監督人の費用と報酬については信託管理人と同様です（同法137条、127条）。

　なお、信託監督人は、受益者の権限行使を補完するものであり、信託監督人が選任されている場合であっても、受益者は自らの監督権限を行使することができます。

ウ　受益者代理人

　受益者代理人は、受益者が現に存する場合に、信託行為の定めによって選任されます（信託法138条1項）。受益者代理人が利害関係人の申立てにより裁判所により選任されるのは、従来の受益者代理人の任務が終了した場合に限定され、信託行為に受益者代理人の定めがない場合には裁判所による選任はなされません（同法142条）。これは、受益者代理人が選任されると、信託法139条4項により、受益者が原則として信託に関する意思決定にかかる権利を行使することができなくなるから、受益者の利益を害すると考えられたためです。受益者代理人の選任により受益者の権利行使が制限されることか

らすると、受益者代理人を選任するのは、受益者が幼少であるなど、権利行使をすることが困難な場合であるといえ、受益者代理人は、受益者のために適時に権利行使をすることができるようにしなければなりません。

　受益者代理人は、自らが代理する受益者のために、当該受益者の権利に関する一切の裁判上または裁判外の行為をする権限を有します（信託法139条1項）。受益者代理人の費用と報酬については信託管理人と同様です（同法144条、127条）。

　なお、受益者が、自ら代理人を選任し、委任契約を締結して代理権を授与することはできますが、上記の受益者代理人は、信託行為の定めに基づくものであり、委託者の意思に基づきます。

(7) 指図権者

　信託において、信託契約等の信託行為によって一定の事項について受託者の裁量を制限し、特定の者からの指示に従うべき旨が定められることがあります。このような指示を行う者を指図権者といいます。例えば、子の養育費の信託において、受託者は指図権者の指示があるときに、高額医療費や私立学校の学費を信託財産から給付できることとする場合や、同族会社の事業承継を株式の信託によって行うときに、受託者は、委託者兼指図権者からの指示に基づき、役員選任等の重要な決議事項についての議決権行使をすることとする場合です。

　指図権者については信託法に定めはなく、信託業法65条では、信託財産の管理または処分の方法について指図を行う業を営む者を指図権者として規定しています。家族信託では、受託者が委託者・受益者の家族・親族であることから重要事項の判断や経営上の判断が難しい場合や、受託者の判断に委ねた場合に受益者の利益保護が不十分になるおそれがある場合に、指図権者の指示に従うこととする仕組みを作ることが考えられます。この場合の指図権者としては、受託者以外の家族・親族とすることもできますが、慎重な判断をさせるべく弁護士等の専門職を指図権者とすることも考えられます。

　また、受託者の判断の適正さを補完するために、同意権者を置く方法も考えられます。同意権者についても信託法上の定めはありませんが、実務的に

は、信託行為により設けることが考えられています。受託者の主導的な判断を尊重しつつ慎重さを求めるという観点からは、指図権者の設置よりも同意権者を設ける方が適切な場合は少なくないと思われます。

6 信託税制

(1) 2007（平成19）年度税制改正による信託税制の整備

　2006（平成18）年の信託法の全面改正を受けて、2007（平成19）年度税制改正により信託税制が整備されました。信託税制は、その利用形態等を勘案して、①受益者等課税信託、②法人課税信託、③集団投資信託、④退職年金等信託及び⑤特定公益信託等に分類されます。このうち、通常の家族信託に適用されるのが①受益者等課税信託であり、特に資産課税について注意が必要です。以下では、この①受益者等課税信託（所得課税及び資産課税）の概要を説明します。

(2) 受益者等課税信託（所得課税）

　信託において信託財産の所有名義などの形式的な権利を有するのは受託者ですが、実質的な利益の帰属主体は受益者であることから、受益者が信託財産に属する資産及び負債を有するものとみなし、受益者に信託財産にかかる収入及び費用が帰属するものとみなして、受益者に所得税または法人税を課すこととされています（所得税法13条1項、法人税法12条1項）。これは、信託財産の所有権は委託者から受託者に移転しますが、受託者が所有権を有するのは受益者の利益のためなどの信託の目的を達するための形式的なものであり、実質的な利益の帰属主体は受益者であることから受益者に課税するという考え方です。

　受益者が複数存在する場合には、それぞれの受益者が信託財産に属する資産や負債の全部を、それぞれの受益者がその有する権利の内容に応じて有するものとされ、収益や費用もそれぞれの権利の内容に応じて帰せられるものとして取り扱われます（所得税令52条4項、法人税令15条4項）。

　所有権を有する受託者には課税されず、実質的な利益の帰属主体である受

益者に課税する点について、受託者は導管にすぎないというパススルー課税の考え方がとられているという言い方もされます。

⑶　資産課税（相続税・贈与税）

　委託者の死亡に基因して適正な対価の負担なく個人である受益者が受益権を取得した場合、委託者死亡時に委託者から受益者に信託財産そのものが遺贈された場合と同じように、相続税が課されます（相続税法9条の2第1項）。死亡以外に基因して適正な対価の負担なく個人である受益者が受益権を取得した場合には、信託財産そのものの贈与を受けた場合と同様に贈与税が課されます（同項）。信託受益権の評価については、課税時期における信託財産の価額によることとされているからです（同条6項、財基通202(1)）。したがって、家族信託における受益者には、適正な対価の取得なく受益権を取得するのが通常ですから、信託の効力が生じた時点で、信託財産そのものの所有権を贈与または遺贈により取得した場合と同様に贈与税（信託の効力が委託者死亡前に生じる場合）または相続税（信託の効力が委託者死亡時に生じる場合）が課されます。

　ここで注意すべき点は、信託契約により他益信託（委託者以外の者が受益者となる本来的な信託）を設定し、契約設定時など、委託者の死亡時より前に効力が生じることとすると、信託の効力発生時に、受益者が信託財産そのものを贈与により取得した場合と同様に、受益者に贈与税が課される点です（相続税法9条の2第1項）。そのため、実務的には、信託の効力発生時における贈与税課税を避けるために、委託者死亡時に効力が生じることとするか、委託者死亡までは委託者を第一次受益者とし、委託者の死亡時に第二次受益者が受益権を取得することとするか、いずれかの方法をとることが多くなります。

　もちろん、信託スキーム設定時の検討において、贈与税の金額も計算のうえ、委託者、受託者及び受益者において贈与税の負担をしてでも信託設定時ないし委託者死亡の前から他益信託にしたいというのであれば、他益信託とするという選択肢もあります。例えば、賃貸アパートが信託財産となっている場合において、賃料収入等に課される委託者と受益者の所得税の累進税率

の違いを考慮のうえ、長期的にみれば信託設定時から他益信託として贈与税を支払ったうえで所得税の負担を軽減する方が、委託者・受益者の両者をみると課税上有利であると判断する場合が考えられます。

(4)　受益者連続型信託

　受益者連続型信託の場合においても、所得課税については、実質的な利益帰属主体であるその時点での受益者に収入及び費用が帰属するものとして所得税または法人税が課されます。

　資産課税（相続税・贈与税）については、次順位の受益者が、先順位の受益者の死亡に基因して受益権を取得する場合には相続税、それ以外の場合には贈与税が課されます（相続税法９条の３）。この場合、先順位の受益者は、信託財産から給付を受けるだけであり、信託財産そのものの所有権を取得した場合のように対象となる財産を自由に使用し処分することはできないのですが、先順位の受益者の受益権取得時も、次順位の受益者の受益権取得時も、同じように信託財産そのものを取得した場合と同様に相続税または贈与税が課されることになります。なお、先順位・次順位の受益者間が、一親等の血族に当たらない場合、相続税の２割加算がなされます（同法18条）。

(5)　特定障がい者扶養信託

　相続税法21条の４に定める特定障がい者・特別障がい者を受益者とする特定障がい者扶養信託契約にかかる信託受益権に関しては、一定部分（特定障がい者について3,000万円、特別障がい者について6,000万円）について、贈与税を非課税とする制度が設けられています（相続税法21条の４）。非課税制度の対象となる障がい者の範囲については、2013（平成25）年度税制改正により、特別障がい者（例：精神障害者保健福祉手帳に障害等級が１級である者として記載されている者）のみから特定障がい者（例：精神障害者保健福祉手帳に障害等級が２級または３級である者として記載されている者）に拡大されるなどの改正がなされました。

　もっとも、同制度においては、受託者が信託会社及び信託業務を営む金融機関に限定されており（相続税令４条の９）、通常の家族信託のように個人を

受託者とする場合には、この制度を適用することができません。また、信託銀行などの信託業務を営む金融機関は、一部の信託会社を除き、賃貸アパートのような不動産を信託財産とする信託を受託していませんので、家族信託においてこの非課税制度を利用することができるのは、事実上、金銭・預貯金を信託財産として信託銀行などを受託者とする信託を併用する場合に限られます。

（戸田智彦）

弁護士業務と家族信託

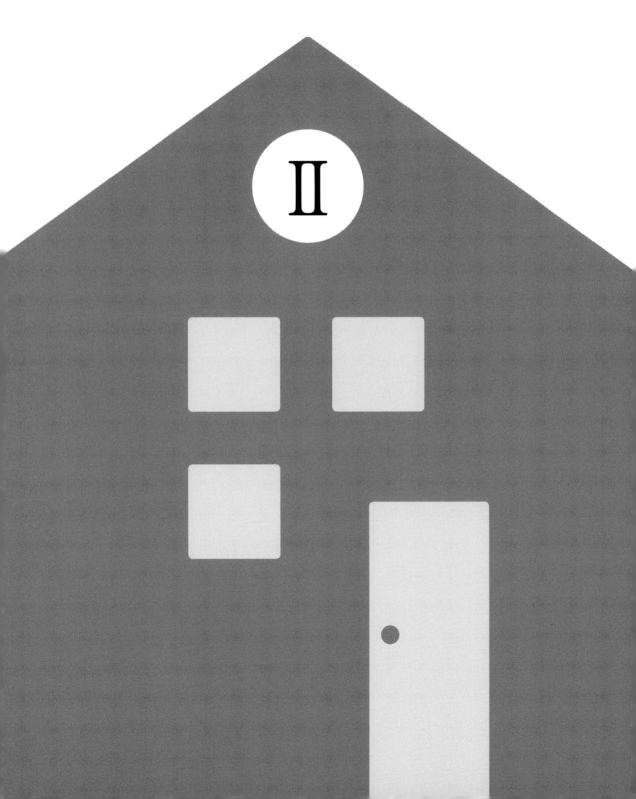

Ⅱ

1 「家族信託」をめぐる状況と日弁連信託センター

　「家族信託」については、2006（平成18）年の信託法の全面改正時に、高齢者や障がい者のための福祉型の信託の活用が期待されるとともに、信託の担い手として、弁護士やNPO等の参入についても想定されていました。上記改正後5年ほどの期間は、いわゆる「家族信託」のような福祉型の信託の活用が進まなかったのですが、平成20年代中盤以降に、徐々に実務運用の工夫や家族の財産管理及び承継に信託を用いる事例が増えるようになりました。この本の初版が発行された2018（平成30）年当時は、まさに、信託活用事例が増加していく過程の中にあったものといえます。

　2012（平成24）年1月19日付で日本弁護士連合会（担当：税制委員会）が「税制改正提言―福祉分野における信託活用のための信託税制の在り方―」をとりまとめ、財務大臣に提出し、関係各所に周知を図るなどして福祉型信託の活用を税制面から検討する動きはあったのですが、その当時においては、福祉型の信託の活用が、今日のように広がるのかどうかは不明という状況でした。

　平成20年代には、雑誌の特集記事などでは、「家族信託」の相談先として弁護士を挙げることは少なく、司法書士や税理士など他の専門士業を挙げることが多いという状況にあり、信託活用における法律専門家としての弁護士の役割が十分に認知されていませんでした。

　司法書士が、一般社団法人民事信託推進センター・一般社団法人民事信託士協会などの団体も作るなどして活発に活動していたり、資産の承継・事業承継などに関わる税理士が、書籍を出版したり、セミナーを開催したり、地方銀行などの金融機関との連携を図ったりしていたことに比べると、弁護士による取り組みは出遅れていたといわれてもやむを得ないものでした。

　しかし、弁護士として法律業務を行う以上は、「家族信託」に関する知識は必須というべきであり、また、各種の専門家の中でも弁護士こそが「家族信託」を取り扱わなくてはなりません。

　日本弁護士連合会は、2017（平成29）年6月に「日弁連信託センター」を設置し、民事信託に関する知識普及・業務対応に力を入れ始めました。信託

センターの活動のいくつかを以下に記載いたします。

　まず、信託センターでは、弁護士が相談者・依頼者に民事信託を含めた財産管理及び承継について初期的な説明をする際に用いることなどを想定して、リーフレット「民事信託を活用した人生設計　遺言・後見・民事信託の有効活用」を作成・公表・頒布しています。

　次に、2020（令和２）年９月10日付で、信託センターは、金融機関ごとに実務運用・条件が異なる信託口の預貯金口座開設の実務運用の確立に資するように、「信託口口座開設等に関するガイドライン」を定めました。信託口口座の口座名義、本人確認、受託者に関する規制やその他の法的義務、受託者の払戻権限、信託口口座と預貯金差押、信託内借入等の際の留意点、受託者死亡時の取扱い、信託の終了・清算時などについて、留意事項や実務上の取扱いを記載しています。弁護士が信託口口座開設について金融機関に照会した際に、金融機関の担当者がこのガイドラインを読み込んで対応していることもあるほどに、預貯金の信託口口座開設において、実務上重要なガイドラインとなっています。

　さらに、信託センターは、民事信託の健全な発展のために、民事信託を正しく利用するための指針を示すものとして、2022（令和４）年12月16日付で、「民事信託業務に関するガイドライン」を定めました。民事信託業務に関するガイドラインでは、依頼者の意思確認、民事信託以外の選択肢の検討、依頼者らに説明すべき事項、遺留分への配慮、信託口口座の開設、弁護士による継続的な関与、信託監督人及び受益者代理人への就任、民事信託と税務などについて留意点を詳しく記載しています。

　これらのガイドラインなどは、日弁連信託センターウェブサイト内に掲載されています（https://www.nichibenren.or.jp/activity/civil/trust_center.html）。

　民事信託に関わる弁護士としては、これらのガイドラインを理解して実務に取り組む必要があります。特に、東京地判平成30年９月12日金融法務事情2104号78頁〔28264792〕の事案のように、民事信託を委託者の推定相続人の一部の利益を実現するため濫用的に利用するなどの不適切な信託の利用がなされないよう十分に留意して、信託スキームの組成を行い、継続的に関与することが、弁護士に求められる姿勢となります。

その他、日弁連信託センターでは、日本公証人連合会の有志で構成する団体「日公連民事信託研究会」と継続的に勉強会を開催し、条項例や、信託と後見制度の併用などについて検討を行い、適切な信託利用の普及促進のための実務的な研究活動を行っています。その成果物としては、後述5に記載の「判例タイムズ」での連載及び「家庭の法と裁判」があります。

2 弁護士が「家族信託」を取り扱うべき理由

(1) 依頼人のニーズを実現するための重要な手段

「家族信託」が対象とする個人の財産管理や資産の承継、事業承継などのテーマについては、成年後見制度・遺言制度・中小企業における経営の承継の円滑化に関する法律の制度などの制度が存在しています。「家族信託」「民事信託」は、これら既存の制度と並んで、テーマを解決する重要な一手段となっています。

信託法が改正されたのは2006（平成18）年で、2007（平成19）年に施行されてはや15年以上経過しています。上記のように、信託の活用が進められ、昨今は法律相談において相談者から信託の活用に関する質問がなされることも増えています。相談者の希望を叶え、最適な方法を選択するにあたっては、信託以外の制度と並んで、「家族信託」「民事信託」のメリット・デメリットを検討し、比較することなしに、専門家として真に十分な検討を行ったものとはいえない状況になっています。

(2) 「家族信託」「民事信託」でなければ解決が不可能な問題の存在

「家族信託」が対象とする個人の財産管理や資産の承継、事業承継などのテーマについては、成年後見制度・遺言制度・中小企業経営承継円滑化法の制度などの既存の制度では解決できないケースがあります。

個人の財産管理において成年後見制度を利用する場合は、本人のための財産の保護が最優先される結果、近親者への贈与や、相続税負担を軽減するための資産の組み替えなどは原則として認められませんし、リスクをとった積極的資産運用も認められません。これらの行為も、資産保有者が意思決定で

きる段階で判断し、受託者に委ねることは自由な財産権の行使ですから、あらかじめ本人が一定の財産を他人に委ね、本人が財産管理能力を失ってからもその意思決定を実現していきたい場合があります。このような場合には、「家族信託」「民事信託」が非常に有効であり、成年後見制度（特に法定後見制度）においてはこのような対処は不可能です。

　資産保有者からの相続については、遺言によってその承継方法を定めることはできるものの、いったん承継させた相続人等から、さらにその次の段階の承継について、遺言で定めることはできません。いわゆる後継ぎ遺贈の問題です。遺言によっては第二次相続の内容を定めることはできないのです。この問題について、信託を活用すると、第一次の承継者の受益権を当該承継者の死亡で消滅させ、新たに第二次の承継者に受益権を与えることによって、あたかも第二次の資産承継についても当初の資産保有者がデザインしたような効果を得ることができます。信託法はその91条で、このような後継ぎ遺贈型受益者連続信託の有効性を前提とする規定を設けており、このような信託の有効性は争われていません。

　この一類型として、障がいをもった子のための、いわゆる「親なき後」の対処があります。障がいをもった子を有する親は、自らの死後の子の生活を慮り、余裕をもった財産を遺そうとすることが多くみられます。子が自ら財産を管理できない点については、あらかじめ法定後見人等の選任をしておくことができますが、この法定後見人の人選は家庭裁判所が行い、親が自由に決めることはできません。子のための後見ですから、子が任意後見契約を締結することもできない以上、子のための財産管理者の選任については、親は決定権をもてないのです。しかし、「家族信託」を活用し、親が子のための財産を受託者に信託し、子を受益者とすることとすれば、受託者の人選は委託者である親が自ら自由になし得るところとなります。また、子に兄弟姉妹がない場合は、いったん子に相続された財産は、子の死亡時には行き所を失います。子に遺言能力がない場合が予想され、子の法定後見人も子を代理して遺言をすることはできませんので、子が相続した財産が子のために使われた後の残りは、国庫帰属となる他ありませんが、信託を活用した場合は、残余財産の帰属権利者や残余財産受益者を定めることによって、例えば子がお

世話になった福祉施設や団体へ残った財産を譲ることもできるのです。このようなことは、成年後見や遺言では全くできないことです。

事業承継について、中小企業経営承継円滑化法の制度を活用すれば、遺留分の除外合意や固定合意の許可を得れば、相続開始前に円滑な事業承継の準備はできます。しかし、これらの合意は経営者の推定相続人全員が加わらないとできませんので、1人でも反対者がいれば活用することはできません。ところが、「家族信託」「民事信託」を活用し、株式を受託者に信託し、推定相続人には受益権（株式からの経済的権利）を与えることとすれば、議決権の行使は受託者において統一的に行うことができ、安定的な経営承継が実現できます。これも信託を活用して初めて実現できることです。

このように「家族信託」「民事信託」を活用しなければ解決が不可能な課題があります。

信託を知らなければ、このような依頼は断るしかないことになってしまいます。

(3) 全ての法律問題を扱える唯一の専門職として

信託の活用についていち早く研究を進め、努力を重ねてきた他士業の姿勢には、十分な敬意を払うべきでしょう。

さまざまな団体を作り、書籍を出版し、市民に対する情報提供を広く行うなど、弁護士が見習うべき多様な活動がされています。

しかし、弁護士は、あらゆる法律問題について取り扱うことができ、また、その責務を負う存在です。

信託をめぐる法律問題についても、徐々に紛争に発展してしまうケースが出てきました。そのような場合に、簡易裁判所の事物管轄に属する事件であれば、簡裁代理権を有する司法書士も訴訟代理はできますが、「家族信託」「民事信託」の対象となる法律問題は、簡易裁判所の事物管轄に収まるケースはむしろ稀でしょう。弁護士であれば、そのような制限はありません。

相続をめぐる法律問題には、遺産分割事件や遺留分放棄許可事件、相続廃除審判事件のように家庭裁判所の管轄に属する事件が多々あります。家庭裁判所の手続代理は、司法書士・税理士・公認会計士・行政書士等の他士業

は、これを行うことができず、できるのは弁護士のみです。既存の手段との比較を自らの紛争案件における経験に照らして適切に行うことができるのは弁護士を置いて他にありません。

このように、弁護士こそが「家族信託」「民事信託」を扱う重い責任を負っているというべきなのです。

③ 適切な連携関係

以上のとおり、弁護士として依頼人の法的ニーズに応えるためには「家族信託」「民事信託」についての知識が必須であり、また、弁護士こそがあらゆる法律問題を扱い得る唯一の専門家として、「家族信託」「民事信託」の活用について国民の負託に応えるべき責任を負っているというべきです。

しかし他方で、「家族信託」「民事信託」についての検討を行い、仕組みを作り上げていくには、弁護士以外の専門家の協力が必須です。

資産の承継に絡む「家族信託」「民事信託」においては、相続税・贈与税の課税問題が必ずつきまといます。これらについては、税務の専門家である税理士の協力が必須であり、一般的な弁護士の知識では弁護過誤を来しかねません。弁護士が税務面の検討について積極的に税理士の協力を仰ぎ、協働関係を作り上げるべきです。

不動産が信託財産に含まれる場合は、信託を原因とする受託者への所有権移転登記と、信託登記が必要となります。限定責任信託についても、その登記が必要です。これらの登記については、その専門家である司法書士との連携が必須です。信託活用について一日の長のある司法書士とは、対立するのでなく、互いに切磋琢磨し、よい協働関係を作っていくべきでしょう。

信託行為は、私署証書においても行うことが不可能ではありませんが、金融機関において信託口口座を開設するなどの場合には、公正証書による信託契約書の提示を求められることがよくあります。公証人には、「家族信託」「民事信託」の研究・普及において重要な役割を果たした先達があり、その後多くの公証人が「家族信託」「民事信託」の研究・研鑽を進めています。信託目的を定め、信託をデザインする際の意思決定は、委託者の自由な意思

によりこれをすべきですが、「家族信託」「民事信託」の活用を求めるケースにおいては、委託者以外の関係者の利害が意思決定を左右しがちなケースも時折見受けられます。このような危険の芽を摘み、委託者の真意に基づく信託行為を形作るには、公正な立場で嘱託人の意思を確認する公証人の関与が必須というべきでしょう。弁護士は、自ら整えた信託行為の案を公証人の検討に晒し、委託者の真意が歪められずに実現されるように努めるべきです。

4）弁護士に期待される高い倫理観

多額の財産が関係し、関係者の思惑と感情が複雑に絡み合う「家族信託」「民事信託」の対象事案においては、特定の関係者の利益のみに引きずられず、バランスのとれた解決が期待されます。

そのような解決案の模索と提示、関係者への説明と説得というのは、弁護士こそがこれをよくなし得るところです。

基本的人権の擁護と社会正義の実現を使命とし（弁護士法１条）、深い教養の保持と高い品性の陶冶に常に努めるべき（同法２条）存在として法律に定められ、職務の内外を問わずその品位を失うべき非行があったときには弁護士会の懲戒を受けるのが弁護士です。

信託法の法律知識のみならず、日々案件を扱う中で、職責を常に自覚し、利害の対立・紛争の渦中にある人間の感情と苦しみ、問題解決の喜びを依頼人とともに分かち合う弁護士こそが、高い倫理観をもって「家族信託」「民事信託」を正しく活用していくべき責任を負っています。

近時「家族信託」「民事信託」がにわかに脚光を浴びてきたのは、2015（平成27）年の相続税改正がきっかけでした。基礎控除が引き下げられ、課税の対象となるケースが拡大したため、相続税の節税策の実現のために「家族信託」「民事信託」を活用しようという流れが生じたのです。

「家族信託」「民事信託」自体で節税ができるわけではありません。

しかし、資産評価を引き下げ、相続税負担を軽減する効果のある賃貸アパート経営について、これを強力に勧めるハウスメーカーと、長引くデフレ経済下で融資先を渇望する金融機関のアパートローンへの進出を背景に、賃

貸経営のプロジェクトを円滑に進める手段として、「家族信託」「民事信託」が着目されたのです。

確かに、土地が貸家建付地評価となり、建物は建築費より安価な固定資産税評価で評価され、小規模宅地の特例なども活用すると、相当な「節税」となる場合があることは否定できませんが、長期にわたり賃貸経営を継続する必要があり、空室リスクも否定できません。実際に早期に経営が破綻して問題化するケースも出ています。

そのようなリスクもある賃貸アパート経営について、資産保有者が要後見状態になると頓挫してしまうとして、「家族信託」「民事信託」を勧めるのですが、重要な法制度である成年後見制度をことさらに非難し、「家族信託」「民事信託」こそが正しいという行きすぎた論調も横行していたところです。

われわれ弁護士は、このような安易な論議には当然くみしません。

あらゆる法律問題に通暁し、高い倫理観を備えた弁護士の役割が、ここでも求められているのです。

5 信託法学習の必要性と可能性

このように、弁護士こそが「家族信託」「民事信託」を学び、活用することが求められている以上、弁護士は信託法をしっかり学び、活用すべく活動を始めるべきです。

とはいうものの、今までなじんだ民法とは異なった性格をもつ信託法を学ぶことについては、いささかの戸惑いを感ずることがあるかもしれません。

しかし、これは杞憂にすぎません。

一部には、信託法は民法と全く違った法制度であると誇張する見解もみられます。しかし、信託法は、信託法等の法令の個々の具体的条項で民法の特例を定めているにすぎず、民法と無関係の法体系をなしているものではありません。

信託法は、条文の数も全部で271条と、1,000条近くある会社法などに比べると決して多くありません。また、主に商事信託を念頭に置いた条項も相当数を占めるので、「家族信託」「民事信託」の検討に限って言えば、参照すべ

き条文はさほど多くありません。「信託財産責任負担債務」等の鍵となる概念をしっかり理解し、デフォルトルールと「家族信託」「民事信託」ならではの「別段の定め」が必要なケースをチェックして、信託法全体の構造を把握するのは、民法等の他の法令を学んできた弁護士にはさほど難しいものではありません。さらに、信託の本質に関わる信認関係概念などの正しい把握は、他の法制度と通底する観念を理解できる弁護士こそがよくなし得るところと思われます。

　本書で例示するような具体的な案件の把握と解決策の模索は、他の業務を通じて、関係者の利益の所在を把握し、その時系列的変化を常に念頭に置いている弁護士にとっては、むしろ日頃なじんだ作業というべきでしょう。

　条文を一度は通読し、手頃な基本書で基本概念を把握し、本書で具体的ケースへの対処を学べば、後は個々の弁護士の豊かな発想力を活用して、すぐにでも依頼人の要望に応えることができると確信します。

　信託法学習の参考となる文献には次のようなものがあります。上記1で述べた日弁連信託センターのガイドライン等とあわせて、実務上の参考になる文献・資料が多くなりましたので、「家族信託」「民事信託」に取り組む環境が飛躍的に向上しています。

(1)　基本書等

・道垣内弘人『信託法〈第2版〉現代民法別巻』有斐閣（2022年）

・道垣内弘人『信託法入門』日本経済新聞出版社（2007年）

・新井誠『信託法〈第4版〉』有斐閣（2014年）

・神田秀樹・折原誠『信託法講義〈第2版〉』弘文堂（2019年）

(2)　参考書

・能見善久・道垣内弘人編『信託法セミナー（1）～（4）』有斐閣（2013～2016年）

・寺本昌広『逐条解説新しい信託法〈補訂版〉』商事法務（2008年）

・道垣内弘人編著『条解信託法』弘文堂（2017年）

(3)　実務書

・「信託契約のモデル条項例（1）～（5）―公証人及び弁護士による勉強会を経て提示するモデル条項例」判例タイムズ1483～1487号（2021年）

・「民事信託と後見制度を併用する場合の諸問題1～7」家庭の法と裁判44～50号　日

本加除出版（2023、2024年）

（上記2件は、日公連民事信託研究会と日弁連信託センターの継続的な勉強会の成果物として専門誌に掲載されたものです。）

・雑誌「信託フォーラム」日本加除出版（2014年～）

・遠藤英嗣『全訂　新しい家族信託─遺言相続、後見に代替する信託の実際の活用法と文例─』日本加除出版（2019年）

・ひまわり信託研究会・伊庭潔編著『信託法からみた民事信託の実務と信託契約書例』日本加除出版（2017年）

・ひまわり信託研究会・伊庭潔編著『信託法からみた民事信託の手引き』日本加除出版（2021年）

・東京弁護士会弁護士研修センター運営委員会編『弁護士専門研修講座　民事信託の基礎と実務』ぎょうせい（2019年）

・菊永将浩・平尾政嗣・門馬良典『事例でわかる家族信託契約書作成の実務』日本法令（2020年）

（伊東大祐・戸田智彦改訂）

信託活用スキーム

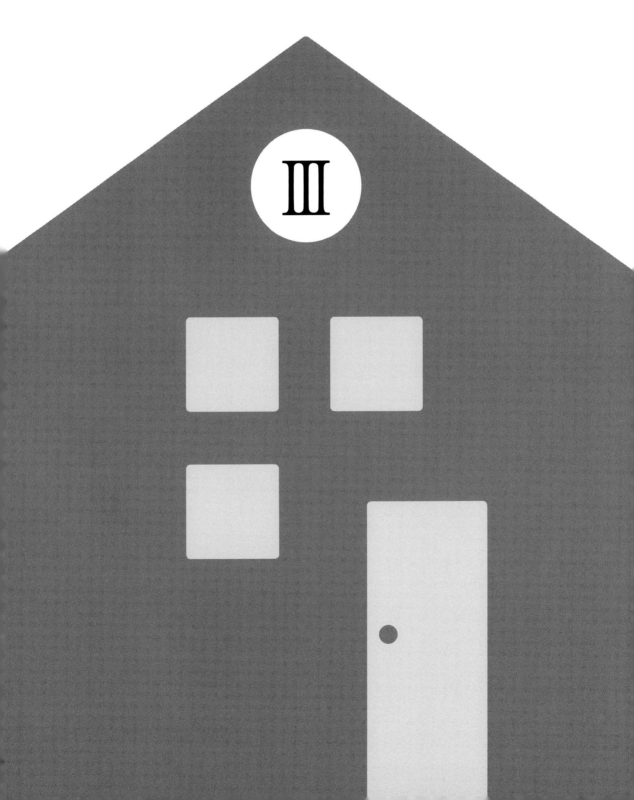

Ⅲ

1

高齢者のための財産管理等

《事　例》

　　私Ａ（70歳）は、現在は健康で判断能力も十分にあるのですが、賃貸ア
パートや上場株式を有していますので、将来の身体の衰えや判断能力低下に
備えて、財産管理や相続について、今のうちに対策をしておきたいと考えて
います。私Ａには妻Ｂ（70歳）と子Ｃ（45歳）と子Ｄ（40歳）がいますの
で、私Ａと妻Ｂが死亡するまでは、近くに住んでいる子Ｃに賃貸物件などの
財産管理を委ねたいと考えています。私Ａと妻Ｂが死亡しましたら、財産管
理をしてくれた子Ｃにやや多くの財産を取得させつつ、子Ｄにも不公平感が
生じないように配慮しながら財産を取得させたいと考えています。このよう
な場合に信託を活用する方法があると聞いたのですが、どのような方法にな
るのでしょうか。

《信託スキーム例》

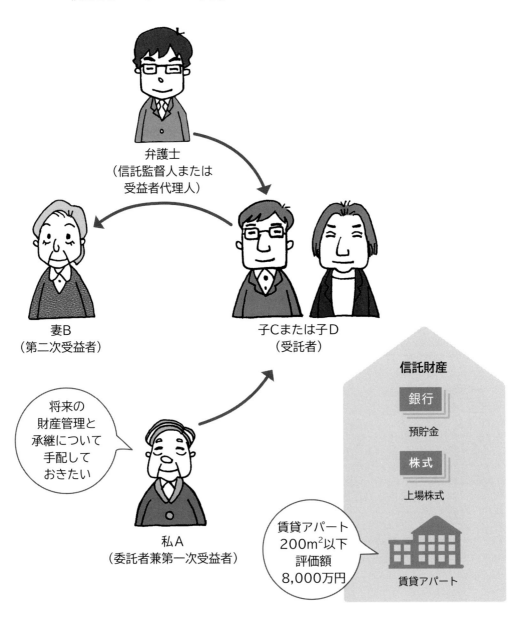

弁護士
（信託監督人または
受益者代理人）

妻B
（第二次受益者）

子Cまたは子D
（受託者）

将来の
財産管理と
承継について
手配して
おきたい

私A
（委託者兼第一次受益者）

信託財産

銀行
預貯金

株式
上場株式

賃貸アパート
200m²以下
評価額
8,000万円

賃貸アパート

　この事例のように、ご高齢の方が、認知症や身体障がいなどにより財産管理が不可能または困難になった場合に備えて、信託を活用する方法が考えられます。

　例えば、相談者Aさんが子Cさんとの公正証書による信託契約を締結する

ことにより、相談者Aさんを委託者兼受益者、子Cさんを受託者、賃貸ア
パート、上場株式、金銭を信託財産とする信託を設定し、信託契約締結によ
り信託の効力が生じることとします。信託の仕組みは、委託者となる相談者
Aさんと、Aさんの子Cさんとの契約で作ったうえで、その後の財産の状態
や関係者の状況によって後日変更できるようにしておくことができます。

　信託契約締結により子Cさんが受託者として信託財産の管理を開始し、相
談者Aさんが死亡するまではAさんを受益者とし、Aさんが死亡した時点
で、妻Bさんが第二次受益者となるという受益者連続型の信託とする方法が
考えられます。受益者連続型の信託は、やや複雑なようにもみえますが、A
さんが元気なうちにCさんの受託者としての事務が開始されることとして信
託設定の目的に従った信託財産の管理・処分等を軌道にのせるとともに、A
さんが死亡した後、Cさんが信託事務を実際に開始するまでの信託財産の管
理の時間の隙間（タイムラグ）が生じないようにすることが可能となります。
本件のように相談者Aさんに子Cさんと子Dさんがいる場合には、Cさんが
受託者としての事務を遂行できなくなった場合に備えて、Dさんを第二次受
託者・後継受託者と定めておくことが考えられます。

　相談者Aさんとその妻Bさんの死亡により、信託が終了することとし、C
さんとDさんを帰属権利者とすることが考えられます。Aさんからの財産の
承継については、子2人（CさんとDさん）の関係にも配慮し、それぞれに
均等または状況に応じてCさん及びDさんやその家族の納得が得られるよう
な幾分かの差異を設けて承継させるようにし、後日の紛争の可能性をできる
限り排除しておきたいところです。CさんとDさんに、いかなる財産をどの
ように帰属させるのかについては、信託財産だけではなく、信託財産とはし
ないAさんの財産との兼ね合いも考慮して、家族間で話し合って決めておく
ことが望ましいといえます。信託財産とはしないAさんの財産（例えばAさ
んの自宅不動産）については、信託契約とは別個に、公正証書遺言を作成す
るなどして、相続による承継について定めることが考えられます。

　なお、この事例で、仮に、相談者Aさんの妻Bさんが認知症になってい
るなどの理由で財産管理の能力がない場合において、Aさんが死亡した後の
Bさんのための財産管理等の問題は、配偶者なき後問題といわれていま

す[1]。そのような場合についても、本事例で紹介する信託スキームの活用により、Ｂさんのための財産管理についての問題解決を図ることが考えられます。配偶者なき後問題では、信託契約による信託設定時点では信託の効力を生じさせず、Ａさんが死亡した後に、信託の効力を生じさせることとし（相談者Ａさんは受益者とはなりません）、Ａさんが死亡した後に妻Ｂさんが受益者となり信託財産から給付を受けるようにする方法も考えられます。もっとも、この方法をとった場合には、上記のとおり、Ａさんが死亡した後、Ｃさんが信託事務を実際に開始するまでの信託財産の管理の時間の隙間（タイムラグ）が生じるという問題がありますので、Ａさんが元気で判断能力や受託者に対する監督を十分に行うことができるうちに、Ａさんを受益者とする信託の効力を生じさせる方が良い場合が多いと考えられます。

　また、この事例での財産管理については、信託の利用だけでなく、法定後見制度または任意後見制度の利用も考えられます[2]。しかし、実際の問題として、後見開始には判断能力の低下が要件となり、後見を開始する程度の判断能力の低下がみられるのか否かが必ずしも判然としません。相談者Ａさんとしては、妻Ｂさんなどの家族に対し、Ａさん自身の判断能力が低下したと伝えることをためらう場合も考えられます。信託であれば、Ａさんの判断能力の低下が効力発生の要件になりませんので、親族間の人間関係や受益者になるＢさんへの感情面での躊躇を伴うことなく、利用することができます。

　信託契約による信託設定にあたっては、受託者となる子Ｃさん（または子Ｄさん）にもメリットがあるよう、報酬を受け取ることができるようにすることも考えられます。もっとも、実務的には、家族間の民事信託で受託者となる子などに報酬を支払うことは少ないようです。

　受託者となった子Ｃさんまたは子Ｄさんが、受益者のために適切に財産を管理・処分し生活費や医療費・介護費などの支払いを行ってくれるようにするため、弁護士などの専門家に信託の監督を依頼することもできます（信託

1　この本の初版では「配偶者なき後問題」を独立したケースとして解説していましたが、「Ⅲ1 高齢者のための財産管理等」及び「Ⅲ2 親なき後問題（障がいのある子の将来の生活費）」との共通点が多いため、この改訂版ではケースとしては削除し、Ⅲ1及びⅢ2を参考にしていただけるようにしました。

2　信託とは異なり、後見制度を利用する場合には、後見人による身上監護も行われることや、裁判所の監督もあることなどの利点もありますので、信託と後見を併用する方法も考えられます。信託と後見の両方を併用する場合について、この改訂版の「Ⅲ4 民事信託と任意後見の併用」にて説明しています。

監督人または受益者代理人）[3]。信託監督人または受益者代理人を設けることにより、信託財産の管理・処分の適正さが確保されますので、後日、Cさん及びDさんやその家族を巻き込んだ争い（信託財産が適正に管理・処分等されず減少したとか、隠匿されたり散逸したりしたといった争い）が生じることを防ぐことにも役立ちます。この件では、当初受益者となるAさんも、第二次受益者となることが考えられるBさんも、信託契約締結時・信託の効力が発生し受託者による財産管理が開始される時点で、健康で判断能力も十分にあることが想定され、受益者による受益者としての権利の行使及び受託者に対する監督を期待することができますので、受益者代理人ではなく信託監督人による監督とすることが考えられます。

3　日本弁護士連合会の「民事信託業務に関するガイドライン」（2022（令和4）年12月16日）では、14頁以下において、弁護士による継続的な関与及び関与した弁護士の信託監督人または受益者代理人就任が望ましいとしています。

1　信託を使うメリット

① 相談者Aのための財産管理について、**Aに判断能力があるうちに、Aの判断に基づいて**、受託者による管理を開始することができます。

② 相談者Aの判断に基づいて、相談者Aの財産のうちの受託者による管理を開始したい財産について（**相談者Aの財産の任意の一部について**）、受託者による財産管理を開始することができます。

③ 妻Bの将来の生活や医療・介護のために、**相談者Aが、その判断能力のあるうちに、財産管理の仕組みを作ることができます**（財産管理・活用）。

④ 家族・親族の状況に応じて、**相談者Aの意向に沿って柔軟に、子C及びDを含めた遺産承継の仕組みを作る**ことができます（管理から承継へ）。

⑤ 相談者Aの死後だけでなく、その**妻Bの死後のAからの財産の承継**について、相談者Aがあらかじめ決めることができます（承継）。

⑥ 相談者Aの判断能力低下がない場合（**成年後見制度を使うことができない場合**）でも、信託ならば財産管理に利用することができます（財産管理）。

2　法務解説

（1）　当事者

ア　委託者

　この事例では、相談者Aが委託者となります。

　相談者Aが認知症などにより判断能力が低下していない限り、成年後見制度を利用することはできませんが、信託であれば、判断能力の低下を要件とすることなく、財産管理を開始することができます。

　なお、配偶者なき後問題の対策としての信託設定の場合（相談者Aの配偶者Bのための財産管理）、信託契約締結時・信託設定時には、相談者Aの配偶者を受益者とするのではなく、相談者Aが委託者であるとともに受益者とな

る信託を設定し、その妻Bについては、相談者Aの扶養として生活費や医療費・介護費を支出するようにします。これは、信託契約による信託設定時に妻Bを受益者とすると、その時点で信託財産そのものが贈与された場合と同様に贈与税が課されることとなってしまうという信託税制が絡む理由から、実務上、信託設定時ではなく、相談者Aの死亡時に妻Bが受益権を取得するスキームを組むようにしているものです。相談者Aが死亡し妻Bが受益権を取得した時点で、妻Bに相続税が課されます。

イ　受託者

相談者Aの子Cを受託者とします。信託契約により信託設定時から子Cを受託者として財産の管理を開始します。

子Cが死亡するなどして受託者としての財産管理などの信託事務の処理をすることができない場合に備えて、子Dや相談者Aの孫を第二次・第三次の受託者として定めておくスキームも考えられます。この事例のような家族間での信託設定においては、自然人が受託者となることが多いのですが、自然人は死亡や病気・事故などの諸事情により受託者としての事務を処理することができなくなることが想定されますので、信頼できる親族を第二次以降の受託者として定めて、委託者の意思に基づいて継続的に事務処理ができるように備えることが望ましいといえます。

もっとも、仮にA・C間の信託契約によってDさんが第二次受託者と定められていたとしても、Dさんは信託契約の当事者ではありませんので、信託契約自体によって受託者になる義務がDさんに生じるものではありません。Cさんの受託者としての任務終了後、新受託者となるDさんが、受託者就任の承諾をすることにより、Dさんが受託者になります（信託法62条1項・2項参照）。実務的には、信託契約締結までの家族間での話し合いの際に、AさんとCさん及びDさんなどの後継受託者となる方との間で、Dさんなどが第二次受託者・後継受託者となることについて話し合っておくことが考えられます[4]。

4　第二次受託者・後継受託者となる子も信託契約の当事者となる方法もあります。

ウ　受益者

　相談者Ａと子Ｃとの間の信託契約により、相談者Ａ自身が高齢、病気などにより信託財産の管理ができなくなる場合に備えて、相談者Ａを委託者兼当初（第一次）受益者として信託の効力を生じさせ、子Ｃが受託者として、信託財産である賃貸アパート、預貯金や株式の管理をして、家賃収入、預貯金、株式の配当金などを、相談者Ａの生計にあてる方法が考えられます。相談者Ａの死亡時に第二次受益者である妻Ｂが受益権を取得することとして、相談者Ａの子Ｃは、Ｂ（相談者Ａの妻・Ｃの母）のために信託財産を管理します（受益者連続型信託。信託法91条）。

エ　帰属権利者（妻Ｂ死亡後の取扱い）

　信託の効力が生じた後に受益者である相談者Ａ及び第二次受益者となる妻Ｂがいずれも死亡した場合には、信託契約において、子Ｃや子Ｄを残余財産の帰属者とする定めを置くことが考えられます（信託法182条１項）。これらの定めにより、妻Ｂ死亡後の信託財産（相談者Ａの遺産）の承継についてもＡが定めることができるのが、信託を利用する大きなメリットの１つです。

（2）　信託行為

　相談者Ａが委託者として、委託者兼当初受益者である相談者Ａ及び第二次受益者となる妻Ｂのために、子Ｃを受託者として、賃貸アパート、預貯金や上場株式を信託財産として、子Ｃとの信託契約書により、信託を設定する方法が考えられます[5]。

　Ａ・Ｃ間の信託契約による信託設定の場合には、相談者Ａの生前かつ判断能力のあるうちに、相談者Ａを当初（第一次）受益者として信託の効力を生じさせ、受託者である子Ｃによる信託財産の管理を開始させ軌道にのせることができます。妻Ｂを相談者Ａの死亡時に受益権を取得する第二次受益者と

5　もっとも、上場株式については、証券会社が第二次受益者の定めのある受益者連続型信託においても信託口口座開設を認めるか否か（実務的に認められない可能性が高い）の問題があります。そのような場合には、上場株式については信託財産とはせずに遺言にて相続による承継を定める方法や、上場株式については受益者連続型ではない信託を別途組成する方法が考えられます。

して、妻Bのために長期的に信託財産を管理する継続的な仕組みを相談者A
の生前から開始することができます。このように委託者である相談者Aの生
前に信託の効力を生じさせ受託者である子Cによる財産管理を開始させる仕
組みでは、信託財産である不動産の信託登記手続きについては、委託者・受
託者の共同申請によりスムーズな設定が可能となります。預貯金・株式につ
いても、信託口口座の設定などの手続き・管理方法について、実務の運用が
徐々に固まりつつあるとはいえ、金融機関ごとに異なるだけでなく、同じ金
融機関でも支店により異なることがありますから、委託者である相談者Aの
生前かつ判断能力があるうちに、委託者A・受託者Cが協働してどの金融機
関にどのような口座を設定するかを検討して進めることが望ましいといえま
す。

　なお、信託契約において、信託の効力発生時を委託者である相談者Aの死
亡時とし、委託者である相談者Aの死亡により妻Bが受益権を取得すること
とするスキームを作ることもできます（遺言代用信託。信託法90条1項）。一
見するとシンプルな信託の定め方となりますが、委託者・相談者Aの死亡
後、受託者である子Cによる信託財産の管理が開始され妻Bのための財産管
理及び支出が可能となるまでに、タイムラグが生じる可能性があることに注
意する必要があります。なお、委託者A死亡により信託の効力が生じること
とする場合には、信託契約締結後、委託者・相談者Aの判断能力が低下した
際に、Aの財産管理について問題が生じますので、後見制度の利用を検討す
ることが考えられます。

（3）　信託財産

　信託の効力が発生した場合には、委託者である相談者Aから受託者である
子Cに、信託財産である賃貸アパート、預貯金や株式を移転します。委託者
となる相談者Aの意向に沿って、これらの財産の全部または一部を信託財産
とすることができるとともに、信託財産からの給付についても、受託者とな
る子Cが、委託者A及びその妻Bの生活状況や健康状態に応じて柔軟な対応
をとる仕組みを作ることができます。

　この事例では、相談者であり委託者兼受益者となるＡがお元気なうちに信託の効力を生じさせますので、信託契約締結後に、Ａの有する金銭や不動産を信託財産に追加したいという希望が生じる可能性があります。そこで、信託契約書にて、委託者と受託者の合意により信託財産を追加することができる旨を明記しておくことが考えられます（追加信託）。

ア　不動産

　不動産については信託の登記をしなければ、信託財産であることを第三者に対抗することができず、信託の登記をすることが受託者に義務付けられています（信託法14条、34条１項１号及び２項）。

　上記のとおり、信託契約により契約締結と同時に信託の効力を生じさせ所有権を受託者に移転する場合には、委託者が登記義務者、受託者が登記権利者となって共同で登記申請をします。なお、不動産登記法98条２項では、受託者が信託の登記を単独で申請できる旨が定められていますが、信託における不動産所有権の移転（信託のための形式的な移転）については、信託設定前の所有者である委託者Ａが信託により所有権移転を受ける受託者Ｃと共同申請をすることになります（不動産登記法98条１項において、信託の登記の申請は権利移転の登記申請と同時でなければならないと定められており、権利移転の登記は同法60条に基づき共同申請となります）。

　信託財産については、受託者が所有者となりますので、信託不動産に瑕疵がありこれによって第三者に損害が生じた場合に、その第三者に対して受託者が損害賠償責任を負う可能性があります（民法717条の土地工作物責任）。この事例では、信託財産に賃貸アパートが含まれますので、賃貸アパートが賃貸借契約の内容に適合しない瑕疵を有していた場合には、受託者が損害賠償責任を負う可能性があります。しかし、受託者は、信託目的に従い受益者のために信託財産を管理するなどしている者ですから、委託者・受託者の内部関係においては、受託者が損害賠償責任を負った場合に、委託者に求償することができる旨の規定を信託契約書に定めることが望ましいと考えられます。

　また、信託不動産である賃貸アパートには、委託者が火災保険を付してい

ることが通常だと思われますので、信託契約締結前に、火災保険の取扱いについても保険会社に照会しておき、信託契約締結後に、火災保険の契約者を委託者から受託者に変更することが望ましい場合が多いと想定されます。もっとも、火災保険の契約内容によっては、委託者名義の火災保険を解約し、受託者名義で新規に加入することも考えられます。

イ　預貯金

　預貯金については、いかなる名義とするかについて信託法に定められていませんが、信託財産を委託者及び受託者の財産から分離して管理する必要があり（信託法34条）、信託口の預貯金口座を開設するなどして明示的に分別することが考えられます。

　信託口の口座名義の取扱いの可否及び条件・要件については、金融機関により取扱いが異なりますので、信託口の口座開設を想定している金融機関に、信託契約の締結前に、可否及び条件・要件を確認することが必要になります。信託口口座の開設にあたっては、公正証書による信託契約書の作成を求めている金融機関が一般的です。

　具体的な信託口口座の表示としては、「委託者○○受託者△△信託口」「受託者△△信託口」や、「受益者○○受託者△△信託口」といったものがあるなど、さまざまです[6]。

ウ　上場株式

　上場株式についても、受託者は委託者及び受託者の財産から分別して管理する必要があり（信託法34条）、実務的には、証券会社の中にも徐々に信託口の証券口座の開設を認める会社が現れてきています。もっとも、信託口の証券口座では第二次受益者の定めのある信託契約は認められなかったり、証券会社の指定する専門職による信託契約作成を条件とされたりするなど、信託口口座の開設を認める証券会社であっても、取扱いの条件はさまざまです。

6　日本弁護士連合会「民事信託業務に関するガイドライン」（2022（令和4）年12月16日）3～4頁

（4）　信託期間

　信託期間は、信託契約による場合には設定時からとすることが考えられます。または、委託者Ａが満75歳になった日からなどの開始日を定めることも考えられます。もっとも、信託開始時に委託者Ａの判断能力が低下していると、不動産登記や信託口口座の開設のために後見制度の活用が必要となる可能性もありますので、注意が必要です。信託の終了時は、委託者兼当初受益者Ａ及び第二次受益者Ｂのいずれもが死亡した時とします。

　なお、配偶者なき後問題を解決するために信託を利用する場合であって、委託者Ａを受益者とはしない場合には、委託者Ａの死亡時から受益者である妻Ｂの死亡時までとします。

（5）　その他

ア　信託目的

　信託契約における信託目的の定めは、受託者が信託事務を行う上での指針となる定めであるとともに、受託者の権限の範囲を画する基準ともなりますから、可能な限り具体的に定めることが望ましいといえます。ご相談の件では、信託の目的として、信託財産を管理・処分しその他本信託目的の達成のために必要な行為をして委託者兼当初受益者Ａ及び第二次受益者Ｂに対し必要な財産の給付等を行い、委託者兼当初受益者及び第二次受益者の財産管理の負担を軽減し、その生活を支援しかつ福祉を確保するとともに、委託者兼当初受益者及び第二次受益者が詐欺等の被害に遭うことを予防し、安全な生活を確保すること、といった内容・規定とすることが考えられます。また、信託の目的について、端的に、受託者が信託財産を管理または処分することにより、当初受益者Ａ及び第二次受益者Ｂが安心かつ安定した生活を送れるようにすること、という定めをすることが考えられます。信託目的の定めにおいて、帰属権利者への財産の承継も規定する場合には、帰属権利者Ｃ及び帰属権利者Ｄが財産を承継すること、といった信託目的の内容・規定を設けることが考えられます。

なお、配偶者なき後問題を解決するために信託を利用する場合には、信託の目的として、信託財産を管理・処分しその他本信託目的の達成のために必要な行為をして受益者Bに対し必要な財産の給付等を行い、受益者の財産管理の負担を軽減し、その生活を支援しかつ福祉を確保することとともに、受益者が詐欺等の被害に遭うことを予防し、安全な生活を確保すること、といった規定を設けることが考えられます。この場合についても、信託の目的について、端的に、受託者が信託財産を管理または処分することにより、受益者Bが安心かつ安定した生活を送れるようにすること、という定めをすることが考えられます。

イ　信託監督人または受益者代理人の選任

受託者が受益者のために適切に信託財産を管理し受益者に給付することを監督し、受益者の保護を図り信託目的を達成するために、弁護士などの専門家を信託監督人または受益者代理人とすることが考えられます。

信託監督人を設けるのか、受益者代理人とするのかについては、事案に応じて判断することになります。信託監督人とするか、受益者代理人とするか、の判断にあたっては、受益者代理人は受託者の監督とともに、受益者の代理人として信託に関する判断も行うこととなり、受益者の権利行使に制限が生じる点に留意する必要があると考えます。信託法139条1項では、信託行為に別段の定めがある場合を除き、受益者代理人は、その代理する受益者のために当該受益者の権利（42条の規定による責任の免除にかかるものを除く。）に関する一切の裁判上または裁判外の行為をする権限を有すると定め、同条4項では、受益者代理人があるときは、当該受益者代理人に代理される受益者は、92条各号に掲げる権利及び信託行為において定めた権利を除き、その権利を行使することができないと定めています。このように、受益者代理人があるときは、受益者の権利行使に制限が生じる点には注意が必要といえます。これは、受益者代理人の制度では、商事信託のように、受益者が多数であったり、多数の受益者間での意思決定やその調整が困難であったりする場合が想定されていることが理由とされています。家族間での小規模な民事信託では、受益者代理人ではなく、福祉型信託を想定している信託監督人

を用いる方が適切であることが多いと考えられます。

　ご相談の件でも、相談者Aには判断能力がある状態で、受益者としても受託者Cに対する監督や権利行使も行うことが可能であり、期待されますから、受益者代理人ではなく、信託監督人を設けることが考えられます。

ウ　受託者Cの報酬

　信託契約において、受託者に対する信託報酬の定めをした場合には、受託者となった子Cに報酬を支払うことができます（信託法54条1項）。もっとも、家族間の小規模な信託の利用においては、無報酬とすることが多いです。

エ　信託の変更

　信託の内容については、信託法149条に定める要件・手続きに従い、契約締結後や効力発生後に変更することができます。

　また、信託契約に別段の定めをすれば、その定めに従って信託の内容の変更が認められます（信託法149条4項）。例えば、信託契約において、信託監督人を置いた場合に、信託監督人と受託者が合意することにより信託契約の内容を変更することができる旨を定めることが考えられます。

　受託者について第二次受託者を設置し、信託監督人または受益者代理人を置いた場合の関係図を以下に記載します。

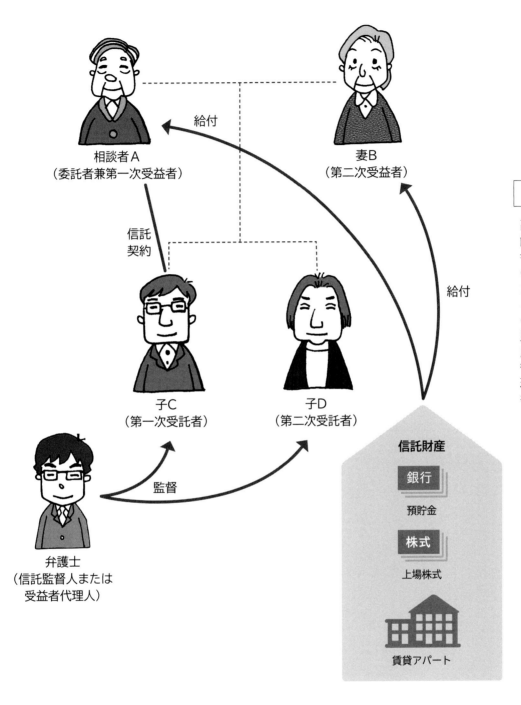

相談者A
（委託者兼第一次受益者）

給付

妻B
（第二次受益者）

信託
契約

子C
（第一次受託者）

子D
（第二次受託者）

給付

弁護士
（信託監督人または
受益者代理人）

監督

信託財産

銀行
預貯金

株式
上場株式

賃貸アパート

3 税務解説

（1） 信託設定時の課税関係

　AとCが信託契約を締結すると、Aの有していた金銭、上場株式、賃貸アパートはCに引き渡され、Cが受託者としてこれらの財産を信託財産として所有することになります。しかし、Cはこれらの財産をあくまでも信託財産として形式的に保有するものであることから財産取得時に贈与税はかかりません。またAが単独で、Cに信託し、受益者もAであることから、税制上は、信託の前後で信託された財産を有していた者が変わらないと考えられ、Aに関して譲渡があったものとみなして所得税等が課されることもありません（所基通13－5（1））。

　ただし、賃貸不動産に関しては信託されたことから、不動産移転の登録免許税は課されませんが（登録免許税法7条1項1号）、所有権の信託の登記の登録免許税は課されます。税率は原則的には0.4％ですが、2026（令和8）年3月31日までの土地の信託登記の登録免許税の税率は0.3％となります（登録免許税法別表第1・1（10）イ、租特法72条1項2号）。また、受託者Cが取得した不動産について不動産取得税は課されません（地方税法73条の7第3号）。

（2） 相談者Aの相続税の留意点

　相談者Aの相続が生じたことにより、信託の受益者は、AからBに変わります。

　この受益者の変更は、Aの相続が原因で、無償で受益者となったことからBは信託財産を遺贈により取得したものとみなされます（相続税法9条の2第2項）。相続を起因として受益者となったBは、原則的には、相続の開始を知った日の翌日から10か月以内に相続税の申告書を被相続人の住所地等の税務署に提出しなければなりません（相続税法27条）。

　このような場合、Bは、財産の取得に際し、相続税が課される可能性があ

りますが、相続税の対象となる財産は、受益権という権利を評価するというものではなく、信託財産に属する資産及び負債を取得し、または承継したものとみなして相続税の適用を検討することになります（相続税法9条の2第6項）。

ア　各財産の評価額

　課税標準となるのは、相続時の財産の価額であり、これは財産の取得の時における時価（相続税法11条の2、22条）のことですが、原則的には、財産評価基本通達に基づくことになります（財基通1）。

　銀行預金のうち、普通預金の場合は、相続時の預金残高で評価します。

　上場株式の場合は、納税義務者が選択した金融商品取引所の公表する課税時期の最終価格によって評価しますが、その最終価格が課税時期の属する月以前3か月間の毎日の最終価格の各月ごとの平均額のうち最も低い価額を超える場合には、その最も低い価額によって評価することが認められます（財基通169）。また、相続時期によっては、上場株式以外に配当期待権等を別途評価する場合もあります（財基通193）。

　賃貸アパートについては、家屋と宅地に区分して相続税評価額を計算します。

　家屋は相続のあった日の属する年の固定資産税評価額に基づき、借家権部分を控除して評価することになります。算式で表すと

$$家屋の固定資産税評価額 \times（1 - 借家権割合 \times 賃貸割合）$$

となります。

　宅地については、その宅地が路線価のある地域にあるか否かで評価方法が異なります。路線価地域の場合、その宅地が面している道路の路線価に地積を乗じて自用地の評価額を計算しますが、いくつもの道路に面していたり、宅地の形がいびつであったり、その宅地の利用について規制があるような場合は、減額がされます。また宅地の上にあるアパートを貸しているような場合の宅地の評価額は、借家人部分を控除することになります。算式で表すと

$$自用地の相続税評価額 \times（1 -（借地権割合 \times 借家権割合 \times 賃貸割合））$$

となり、このような宅地のことを貸家建付地といいます。

　なお、マンションの評価方法については、「事例⑤不動産（収益物件の管理）で借入債務が発生するケース　3　税務解説（1）賃貸アパートの評価とマンションの評価通達の改正、財産評価基本通達第1章6項（総則6項）による更正」を参照してください。

イ　小規模宅地等の特例

　相続により不動産を取得した場合、評価額が高額となって、多額の相続税を納めなければならない場合もありますが、不動産の場合は、換金が難しいことから納税が困難となることも考えられます。そこで一定の利用状況にある宅地を相続または遺贈により一定の親族が取得した場合は、評価額を減額することにより相続税を減らすことができます。これを小規模宅地等の特例といいます。

　この制度の対象には、一定の賃貸用不動産も含まれています。被相続人が不動産貸付の用に供された宅地で、被相続人の親族が取得し、相続税の申告期限まで引き続き貸付の用に供しているもののうち200m²までについては50％の減額が認められています（租特法69条の4）。ただし相続開始以前3年以内に新たに貸付の用に供された宅地等については、原則的には、特例の対象となりません。

　また、信託期間中、賃貸用不動産の敷地を信託財産とする受益権を取得した者についても要件を満たす場合は小規模宅地等の減額の対象となります（租特令40条の2第27項）。

　本事案の場合、受益者が配偶者Bであり、信託された賃貸用不動産の敷地面積が200m²以下で、賃貸を申告期限まで継続している場合、貸家建付地としての相続税評価額が8,000万円であることから、50％相当額である4,000万円を控除することができます。

ウ　配偶者の相続税額の軽減

　被相続人の配偶者が相続または遺贈により財産を取得した場合は、配偶者の生活の保障等の観点から、原則的には、配偶者の相続税の課税価格のうち1億6,000万円または配偶者の法定相続分相当額までは、相続税がかからな

いことになります（相続税法19条の２第１項）。これは、信託による取得についても適用があるものと考えます。

（3）　信託期間の不動産所得と所得税等の留意点

受益者の期間の所得にかかる課税関係のうち不動産所得について説明します。なお、上場株式の配当所得や譲渡所得については、「事例2 親なき後問題（障がいのある子の将来の生活費）」をご参照ください。また消費税課税については「事例7 一般社団法人を活用した不動産賃貸事業の承継」をご参照ください。

ア　不動産所得

個人が稼いだ所得については、所得の種類に応じて、計算方法は異なりますが、所得税や住民税の課税対象となります。その個人が日本の居住者である場合は、１年間に稼いだ全ての所得が課税対象となります（所得税法７条１項１号、22条）。賃貸用不動産から生じた賃料収入から必要経費を差し引いて不動産所得となります（所得税法26条）。

不動産所得の計算上、総収入金額に含まれるのは、賃料収入や権利金収入、更新料収入のように返還義務がない対価の受け取りであり、保証金のように返還義務があるものは収入にはなりません。

必要経費としては、固定資産税や損害保険料、管理費、修繕費、水道光熱費、通信費、減価償却費等、総収入金額を得るため直接に要した費用の額及びその年における販売費、一般管理費その他これらの所得を生ずべき業務について生じた費用（償却費以外の費用でその年において債務の確定しないものを除く。）（所得税法37条１項）となります。なお、信託報酬を親族受託者に支払う場合において、受益者と受託者が生計を一にする親族である場合は、支払った報酬は、必要経費として認められません（所得税法56条）。生計を別にする親族に支払った報酬の場合は、不動産管理に係る部分については原則的には、必要経費となりますが、それ以外の部分は家事費として必要経費にはならないと考えます。ですから、契約書等で報酬の内訳を区分することがのぞ

まれます。

　また、不動産所得については、事業的規模で営むか否かによって取扱いが異なることがあります。事業的規模で不動産賃貸業を営んでいる場合の留意点は「事例⑦一般社団法人を活用した不動産賃貸事業の承継　3　税務解説」をご参照ください。

　所得税の納税義務者は、所得を稼いだ本人となりますが、信託の場合は、受益者となります（所得税法13条1項）。ですから、本事案の場合、当初はA、Aの相続開始後はBが所得税の納税義務者となります。

　所得税の申告納税は、原則的には、課税所得がある場合は、翌年の2月16日から3月15日までに行いますが、信託の場合は、受益者が行うことになります（所得税法120条1項）。

　年の中途で死亡した場合は相続の開始を知った日から4か月以内に死亡した年分の所得、前年分の所得について申告前に死亡した場合は前年分の所得も、被相続人の納税地の税務署に申告しなければなりません（所得税法124条、125条）。

　住民税は、所得税や相続税のような申告納税方式ではなく、賦課課税方式であり、原則として、1月1日を基準日として、個人の前年の所得について所得割が課され、不動産所得について所得税の申告をする場合は、住民税の申告は不要となります。住民税は、納付書による普通徴収が原則です（地方税法32条、39条、41条、45条の3、313条、317条の3、318条、319条）。

　Aが年の中途で死亡した場合は、前年分の所得にかかる住民税を相続人が納付しなければなりませんが（地方税法9条）、Aの死亡した年分の所得については、翌年1月1日にはAが存在していないので住民税は課されません。

　なお、事業税については「事例⑦一般社団法人を活用した不動産賃貸事業の承継　3　税務解説」を参照してください。

イ　青色申告

　不動産所得を生ずべき業務を行う居住者は、税務署が青色申告の承認をした場合は、青色の申告書を提出することができます（所得税法143条）。青色申告の場合は、適正な記帳と保存が求められますが（同法148条）、税務上の

メリットを受けることができます。不動産所得については、事業的規模と事業的規模以外で税務上の取扱いが異なることがあります。

　青色申告の申請は、その年3月15日まで（その年1月16日以後新たに所得税法143条に規定する業務を開始した場合には、その業務を開始した日から2か月以内）（所得税法144条）ですが、被相続人が青色申告であった場合で、被相続人の業務を承継した相続人が青色申告申請書を提出するときの期限は、準確定申告と同様に相続開始を知った日から4か月以内とすることが認められます（所基通144−1）。

　委託者Aが青色申告ならば、信託設定後も青色申告が継続され、Aの相続により妻Bが受益者となり新たに賃貸業を営む場合に、Aの準確定申告の期限までに青色申告承認申請書を税務署に提出したときは、継続して青色申告ができます。

　なお、信託以外の不動産所得の金額の計算上、赤字が生じた場合、その年に生じた他の所得と損益通算することができますが、青色申告の場合は、控除できなかった損失を3年間繰り越すことができます（所得税法70条）し、繰り戻し還付もできます（同法140条）。

ウ　信託の場合の留意点

　不動産の賃貸を信託を通じて行う場合の留意点として、信託から生ずる不動産所得の損失の金額はなかったものとみなされます（租特法41条の4の2）。

　ですから、信託していない不動産所得があった場合、信託から生ずる損失とその所得との通算もできませんし、他の所得とも通算することができませんので、その分、納税負担が増加することになります。

エ　確定申告の際の添付書類と法定調書

　確定申告には信託から生ずる不動産所得の金額の計算に関する明細書を添付しなければなりません（租特令26条の6の2、租特則18条の24）。この申告は受益者が行うことになり、提出先は受益者の住所地等の税務署となります。

　受託者は、原則的には、1年間の信託の所得や財産状態等について記載した信託の計算書を翌年1月31日までに提出しなければなりません（所得税法227条）し、受益者が変更した場合等は、贈与税や相続税の申告納税が生ずる可能性があることから、受託者は、原則的には、受益者別（受益者としての権利を現に有する者の存しない信託にあっては、委託者別）の調書を変更のあった月の翌月末までに提出しなければなりません（相続税法59条3項）。調書の提出先は、受託者の事務所の所在地の税務署です。

④　契約条項例

【信託目的をシンプルに記載する例】

第1条　（信託目的）

　本契約の信託目的は、以下のとおりである。

　委託者A（以下「委託者」という。）の別紙信託財産目録記載の財産（以下「信託財産」という。）を受託者C（以下「当初受託者」という。）または第10条に定める後継受託者（以下、当初受託者と後継受託者とをあわせて「受託者」という。）が管理または処分することにより

　（1）　当初受益者A及び第二次受益者Bが安心かつ安定した生活を送れるようにすること。

　（2）　帰属権利者C及び帰属権利者Dが財産を承継すること。

【信託目的をより具体的に記載する例】

第1条　（信託目的）

　本契約の信託目的は、以下のとおりである。

　本信託は、委託者Aの別紙信託財産目録記載の財産（以下「信託財産」という。）を受託者C（以下「当初受託者」という。）または第○条に定める後継受託者（以下、当初受託者と後継受託者とをあわせて「受託者」という。）が管理または処分その他本信託目的の達成のために必要な行為をして

　（1）　当初受益者A及び第二次受益者Bに対し必要な財産の給付等を行い、当初受益者A及び第二次受益者Bの財産管理の負担を軽減し、その生活

を支援し、かつ福祉を確保すること。

（2）　当初受益者A及び第二次受益者Bが詐欺等の被害に遭うことを予防
し、安全な生活を確保すること。

（3）　前各号の目的に抵触しない範囲で帰属権利者C及び帰属権利者Dが財
産を承継すること。

第2条　（信託契約・追加信託）

委託者は、本契約の締結の日に、前条の目的に基づき、別紙信託財産目録
記載の信託財産を当初受託者に信託し、当初受託者はこれを引き受けた（以
下、本契約に基づく信託を「本信託」という。）。委託者は、受託者と合意し、本
信託に信託財産を追加することができる。

第3条　（信託財産－信託不動産）

1．委託者の有する別紙信託財産目録記載2の不動産（以下「信託不動産」と
いう。）の所有権は、本日、受託者に移転する。

2．委託者及び受託者は、本契約後、直ちに、信託不動産について本信託を
原因とする所有権移転の登記を申請する。

3．受託者は、前項の登記申請と同時に、信託の登記を申請する。

4．前2項の登記に要する費用は、受託者が信託財産から支出する。

第4条　（信託不動産の瑕疵（契約不適合））

受託者が、本信託の期間中及び本信託終了後、信託不動産の瑕疵に関して
固有財産から支出したとき、及び信託不動産の瑕疵により生じた損害の責任
を負い第三者に賠償したときは、委託者に対して求償することができる。

第5条　（火災保険）

委託者は、本契約締結後、直ちに、委託者名義で信託不動産に付保された
火災保険その他損害保険の名義を受託者に変更する。

第6条　（信託財産－金銭）

１．委託者は、本契約締結後、速やかに別紙信託財産目録１記載の金〇万円を受託者に引き渡すものとする。

２．受託者は、前項の金員を第15条に定める区分に応じて分別管理しなければならない。

第７条　（信託財産－株式）

１．委託者は、本契約締結後、速やかに別紙信託財産目録３記載の株式を受託者に譲渡するものとする。

２．委託者及び受託者は、株式譲渡後、速やかに、〇株式会社に対し、当該株式にかかる株主名簿記載事項を株主名簿に記載または記録することを請求しなければならない。

３．受託者は、株式譲渡後、速やかに、〇株式会社に対し、当該株式が信託財産に属する旨を株主名簿に記載または記録することを請求しなければならない。

第８条　（委託者）

　本信託の委託者は、Ａ（住所：〇、生年月日：〇）である。

第９条　（受託者）

　本信託の受託者は、委託者の子Ｃ（住所：〇、生年月日：〇）である（以下、この者を「当初受託者」という。）。

第10条　（受託者の任務の終了及び後継受託者）

１．当初受託者について次の事由が生じたときは、当初受託者の任務は終了する。

（１）　当初受託者が死亡したとき。

（２）　当初受託者について後見または保佐開始の審判がされたとき。

（３）　当初受託者について補助開始の審判がされたとき。

（４）　当初受託者を委任者とする任意後見契約について、任意後見監督人が選任されたとき。

（5）　前各号に定める他、信託法の規定により受託者の任務が終了したとき。

2．当初受託者の任務が終了したときは、委託者の子Ｄ（住所：○、生年月日：○）が本信託の受託者となる（以下、この者を「後継受託者」という。）。

3．当初受託者は、本信託の信託財産及び信託事務を円滑に引き継ぐことを考慮し、第1項第3号及び第4号の事由が生ずる前の適切な時期に受託者の任務を辞任し、前項の後継受託者へ信託財産及び信託事務を引き継ぐように努めるものとする。

第11条　（受託者の信託事務）

受託者（当初受託者及び後継受託者をいう。以下同じ。）は、次の信託事務を行う。

（1）　信託財産目録2の各信託不動産を、管理または処分すること。

（2）　信託財産目録2の各信託不動産を第三者に賃貸し、当該第三者から賃料等を収受すること。

（3）　前2号により受領した売却代金及び賃料等を管理し、受益者の生活費、医療費または介護費用等に充てるために支出すること。

（4）　信託財産に属する金銭を管理し、受益者の生活費、医療費または介護費用等に充てるために支出すること。

（5）　その他信託の目的を達成するために必要な信託事務を行うこと。

第12条　（信託事務の処理の第三者への委託）

受託者は、信託財産目録2の不動産の管理を第三者に委託することができる。

第13条　（帳簿等の作成等、報告及び保存の義務）

1．本信託の計算期間は、毎年1月1日から同年12月31日までとする。ただし、第1期の計算期間は、信託開始日から令和○年12月31日までとする。

2．受託者は、信託事務に関する計算並びに信託財産に属する財産及び信託財産責任負担債務の状況を明らかにするため、信託財産にかかる帳簿その

他の書類または電磁的記録を作成しなければならない。

3．前項の帳簿等については、以下のとおりとする。

（1）　信託不動産については、直近の状況が記載された全部事項証明書

（2）　信託財産に属する金銭で、銀行預金として管理されているものについては、当該金銭を保管する銀行預金口座の通帳ないしはそれに代わる書面または電磁的記録。ただし、それぞれの入出金について、その相手方及び入出金の事由について付記をしなければならない。

（3）　信託財産に属する金銭で、現金として保管されているものは、金銭出納帳（書面または電磁的記録）

（4）　信託財産に属する金銭で、別紙信託財産目録3記載の株式については、証券会社の通知・報告（書面または電磁的記録）

4．受託者は、第2項の帳簿等に基づき、第1項の計算期間に対応する信託財産目録及び収支計算書を当該計算期間が満了した月の翌月末までに作成しなければならない。

5．受託者は、前項記載の信託財産目録及び収支計算書の内容について、受益者に報告しなければならない。

6．受託者は、第2項に基づき作成した帳簿等は作成の日から10年間、第4項に基づき作成した信託財産目録及び収支計算書は信託の清算の結了の日までの間、保存しなければならない。

第14条　（善管注意義務）

受託者は、信託財産の管理、処分その他の信託事務について善良な管理者の注意をもって処理しなければならない。

第15条　（分別管理義務）

受託者は、信託財産に属する金銭及び預貯金と受託者の固有財産とを、以下の各号に定める方法により、分別して管理しなければならない。

（1）　金銭

信託財産に属する財産と受託者の固有財産とを外形上区別することができる状態で保管する方法

（2）　預貯金

　　信託財産に属する預金専用の口座を開設し当該口座で管理する方法

（3）　株式その他の金融資産（上記第1号及び第2号を除く。）

　　信託財産に属する株式その他の金融資産専用の口座を証券会社におい

　　て開設する方法

第16条　（信託費用の償還）

1．受託者は、信託事務処理にかかる費用を、直接、信託財産から償還を受

　けることができる。

2．受託者は、信託財産から、信託事務処理に要する費用の前払いを受ける

　ことができる。

【無報酬の場合】

第17条　（信託報酬）

　受託者は、無報酬とする。

【受託者が信託報酬を月額定額で受ける場合】

第17条　（信託報酬）

　受託者は、毎月末日限り、月額〇万円の信託報酬を受ける。

第18条　（受益者）

1．本信託の当初受益者は、委託者Aとする。

2．当初受益者が死亡したとき、同人の有する受益権は消滅する。

3．前項の場合には、第二次受益者Bが新たな受益権を取得する。

第19条　（受益権の譲渡等）

　本信託の受益権は、受益者と受託者との合意がない限り、第三者に譲渡

し、または質入れその他担保設定等することはできない。

第20条　（受益権）

　受益者は、受益権として以下の内容の権利及びこれを確保するために信託法の規定に基づいて受託者その他の者に対し一定の行為を求めることができる権利を有する。

（1）　信託財産目録記載2の信託不動産を第三者に賃貸したことによる賃料から給付を受ける権利

（2）　信託財産目録記載2の信託不動産が処分された場合には、その代価から給付を受ける権利

（3）　信託財産目録記載1の金銭、信託財産目録3記載の株式、及び、受託者が本信託のために開設した預金から給付を受ける権利

第21条　（信託監督人）

1．本信託の信託監督人は、委託者の子D（住所：○、生年月日：○）とする。

2．前項により信託監督人に指定された者が第10条第2項の規定により本信託の受託者となった場合には、本信託の信託監督人をE（住所：○、生年月日：○）とする。

3．第1項により信託監督人に指定された者について、第10条第1項各号の事由が生じた場合も前項と同様とする。

4．信託監督人の事務は、無報酬とする。

第22条　（信託の変更）

　信託法149条1項から3項の規定に代えて、信託の目的に反しないこと及び受益者の利益に適合することが明らかであるときに限り、受託者は、信託監督人の同意を得て、書面または電磁的記録による意思表示により信託を変更することができる。

第23条　（信託の開始及び終了）

1．本信託は、本契約の締結日を信託開始日とする。

2．本信託は、以下の各号に該当する事由が生じたときは終了する。

（1）　信託の目的を達成したときまたは信託の目的を達成することができなくなったとき。

（2）　当初受益者及び第二次受益者のいずれもが死亡したとき。

（3）　その他信託法の定める信託終了事由に該当するとき。

第24条　（帰属権利者等）

1．本信託が前条第2項第2号の定めにより終了したときの残余財産の帰属すべき者を、以下のとおり指定する。

（1）　別紙信託財産目録1に記載の金銭、同2に記載の不動産については、委託者の子Cを帰属権利者として指定する。

（2）　別紙信託財産目録3に記載の株式及び受託者が本信託における信託財産に属する株式その他の金融資産専用の口座として証券会社において開設した口座にて管理する財産については、委託者の子Dを帰属権利者として指定する。

（3）　上記第1号及び第2号に記載の他、受託者が信託財産に属する預金専用の口座として開設した口座の残額その他の信託終了時の信託財産については、子Cを帰属権利者として指定する。

2．本信託が前条第2項第1号または第3号の定めにより本信託が終了したときの残余財産の帰属すべき者として、本信託終了時の受益者を指定する。

第25条　（管轄裁判所）

本信託及び本契約に定める権利義務に関して争いが生じた場合には、○地方裁判所を第一審の専属的合意管轄裁判所とする。

（別紙）

信託財産目録

1．金銭

　　金〇万円

2．不動産

　　2－1　土地

　　　　所　　在　　　〇市〇一丁目

　　　　地　　番　　　〇番〇

　　　　地　　目　　　宅地

　　　　地　　積　　　〇m^2

　　2－2　建物

　　　　所　　在　　　〇市〇一丁目〇番地〇

　　　　家屋番号　　　〇番〇

　　　　種　　類　　　共同住宅

　　　　構　　造　　　鉄筋コンクリート造陸屋根4階建

　　　　床面積　　　1階　　〇m^2

　　　　　　　　　　2階　　〇m^2

　　　　　　　　　　3階　　〇m^2

　　　　　　　　　　4階　　〇m^2

3．株式

　　〇株式会社　　　　〇株

　　　　　　　　　　　　　　　　　　　　　　　　　以上

（戸田智彦・菅野真美）

親なき後問題
（障がいのある子の将来の生活費）

《事　例》

　私Ａ（60歳）には子Ｂ（35歳）と子Ｃ（30歳）がいるのですが、子Ｂには重度の身体障がいがあります。今までは、私が働いて得た収入による預貯金・配当金や私が所有している賃貸アパートの賃料から子Ｂの生活費や施設の利用料を支払ってきました。しかし、私も高齢になりましたので、今のうちに、私が子Ｂの世話をすることができなくなった後の子Ｂの生活費などについて手配しておきたいと考えています。このような場合に信託を活用する方法があると聞いたのですが、どのような方法になるのでしょうか。

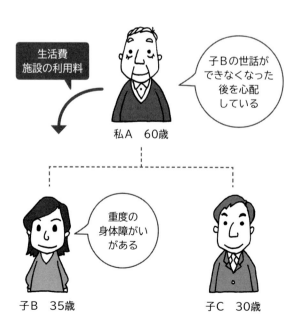

《信託スキーム例》

子B
（第二次受益者）

子C
（受託者）

子Bの
生活費など
について、
手配して
おきたい

私A
（委託者兼当初（第一次）受益者）

信託財産

銀行

預貯金

株式

上場株式

賃貸アパート

　ご質問の件では、相談者Aさんが、子Bさんの生活費などを継続的に支払うために、賃貸アパート、預貯金や上場株式を信託財産として、もう1人の子であるCさんに受託者となってもらう方法が考えられます。Bさんには重度の身体障がいがあるものの、精神疾患などにより判断能力が低下してはいないとすると、成年後見制度を利用することはできません。

　成年後見制度を利用することができない本件においても、信託であれば、相談者Aさん（委託者）と子Cさん（受託者）の契約によって設定することも、Aさんの遺言によって設定することもできます。

　まず、信託契約による場合についてご説明します。

　信託契約による場合は、委託者となる相談者Aさんと、Aさんの子Cさんとの契約で信託を組成したうえで、財産の状態や関係者の状況によって後日変更できるようにしておくことができます。

　信託契約による場合には、信託契約時から信託の効力が生じることとし、子Cさんが受託者として信託財産の管理を開始しますが、信託契約の設定からAさんが死亡するまではAさんを受益者とし、Aさんが死亡した時点で、Bさんが受益者となるという受益者連続型の信託とする方法が考えられます。このような受益者連続型の信託は、やや複雑なようにもみえますが、Aさんが元気なうちに受託者としてのCさんの信託事務が開始されることとして、信託設定の目的に従った信託財産の管理・処分等を軌道にのせるとともに、Aさんが死亡した後、Cさんが信託事務を実際に開始するまでの信託事務の時間の隙間（タイムラグ）が生じないようにすることが可能となります。

　次に、遺言により信託を設定する場合についてご説明します。

　Aさんが遺言で信託を設定する場合には、Aさんの死亡により信託の効力が生じ、子Cさんが受託者として信託財産の管理を開始し、子Bさんが受益者となり信託財産から給付を受けることが考えられます。遺言の際には、Aさんが弁護士などの専門家を遺言執行者として指定し、賃貸アパート（不動産）の信託登記手続きなどを任せ、Cさんによる信託財産の管理が円滑に開始できるようにします。

　また、信託契約による場合と遺言による場合に共通する事項として、信託報酬や残余財産の帰属、信託の監督については以下のとおりです。

　信託設定にあたっては、子Cさんにもメリットがあるよう、Cさんが報酬を受け取ることができるようにすることもできます。受益者である子Bさんが亡くなった後に、CさんやCさんのお子さん（Aさんの孫）が、信託財産のうちのBさんが死亡した後に遺った財産（残余財産）を取得するように設定することもできます。

　受託者となったCさんが、信託財産となった賃貸アパートや預貯金を適切に管理し、Bさんのために生活費や施設の利用料などを適切に支払ってくれるよう、弁護士などの専門家に信託の監督を依頼することもできます（信託監督人または受益者代理人）。

　信託契約により当初から子Bさんを受益者とする場合及び遺言により信託を設定する場合のスキーム例を以下に記載します。

《信託契約による場合》

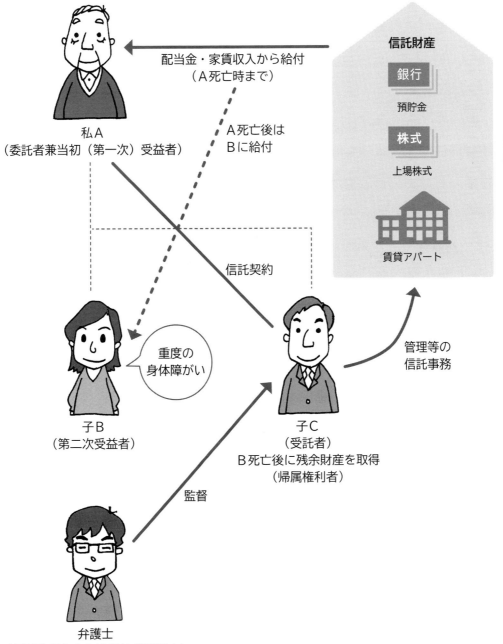

私A
（委託者兼当初（第一次）受益者）

配当金・家賃収入から給付
（A死亡時まで）

A死亡後は
Bに給付

信託契約

信託財産

銀行
預貯金

株式
上場株式

賃貸アパート

管理等の
信託事務

重度の
身体障がい

子B
（第二次受益者）

子C
（受託者）
B死亡後に残余財産を取得
（帰属権利者）

監督

弁護士
（信託監督人または受益者代理人）

《遺言により信託を設定する場合》

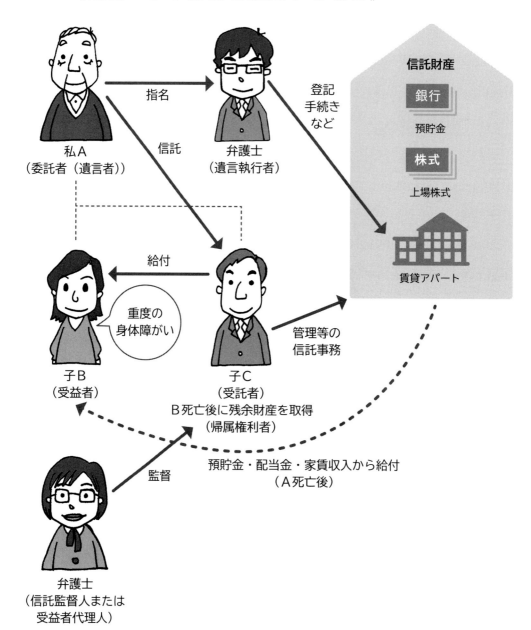

1　信託を使うメリット

① 障がいのある子Bの将来の生計の維持・確保について、**親Aが、生前かつ判断能力のあるうちに**、仕組みを作ることができます（財産管理・活用）。

② 長期的に分割して金銭を子Bに給付するなど、**継続性**のある仕組みを作ることができます（財産管理）。

③ 家族・親族の状況に応じて、**親Aの意向に沿って柔軟に**、子Cを含めた遺産承継・子Bの生活のサポートの仕組みを作ることができます（管理から承継へ）。

④ **子Bの死後の財産の承継について親Aが決めることができます**（承継）。

⑤ 子Bが身体障がいの場合（**成年後見制度を使うことができない場合**）でも、信託ならば財産管理に利用することができます（財産管理）。

2　法務解説

（1）当事者

ア　委託者

この事例では、相談者である親Aが委託者となります。

子Bには重度の身体障がいがありますが、精神疾患などにより判断能力が低下していない限り、成年後見制度を利用することはできません。子Bの財産管理のために、信託の活用が考えられる典型的な事例です。

なお、後述のとおり、親Aは委託者であるとともに、受託者となる子Cとの信託契約により信託を設定する場合には、信託設定時に当初（第一次）受益者（委託者兼受益者）とします。これは、信託契約による信託設定時に子Bを受益者とすると、その時点で信託財産そのものを贈与された場合と同様に贈与税が課されることとなってしまうため、信託設定時ではなく、親Aの死亡時に子Bが受益権を取得するスキームを組むようにしているためです。

親Aが死亡し子Bが受益権を取得した時点で、子Bに相続税が課されます。

イ　受託者

　相談者である親Aの子Cを受託者とします。信託契約による場合には契約設定時から受託者として財産の管理を開始し、遺言による信託設定の場合には委託者である親Aの死亡時に信託の効力が生じ財産の管理を開始します。

　子Cが死亡するなどして受託者としての財産の管理などの任務を遂行することができない場合に備えて、子Cの配偶者Dや子E（相談者Aの孫、第二次受益者Bの甥姪）を第二次・第三次の受託者として定めておくスキームも考えられます。この事例のような家族信託においては、自然人が受託者となることが多いのですが、自然人は死亡や病気・事故などの諸事情により受託者としての任務を遂行することができなくなることが想定されますので、信頼できる親族を第二次以降の受託者として定めるなどの備えを設けることが望ましいといえます。

ウ　受益者

　親Aと子Cとの間の信託契約により信託を設定する場合には、親A自身が高齢化・病気などにより財産管理ができなくなる場合に備えて、親Aを当初（第一次）受益者（委託者兼受益者）として信託の効力を生じさせ、子Cが、受託者として、信託財産である賃貸アパート、預貯金や上場株式の管理をして、家賃収入、預貯金、上場株式の配当金などを、親Aの生計にあてる方法が考えられます。親Aの死亡時に第二次受益者である子Bが受益権を取得することとして、子Cは子Bの生計の維持のために信託財産を管理します（受益者連続型信託。信託法91条）。

　遺言による信託設定の場合には、委託者である親Aの死亡時に信託の効力が生じますので、子Bを受益者とします（受益者連続型とする必要はありません）。

エ　帰属権利者（子B死亡後の取扱い）

　信託の効力が生じた後に受益者である子Bが死亡した場合については、信託契約において、子Cを残余財産の帰属者とする定めを置くことや（信託法

182条1項）、子Cの子E（親Aの孫）を次順位の受益者とする受益者連続型の信託（後継ぎ遺贈型信託。同法91条）を設定することが考えられます。これらの定めにより、子B死亡後の財産（親Aの遺産）の承継についても定めることができるのが、信託を利用するメリットの1つです。

（2）　信託行為

　相談者である親Aが委託者として、将来受益者となる子Bのために、子Cを受託者として、賃貸アパート、預貯金や上場株式を信託財産として、子Cとの信託契約または遺言により、信託を設定する方法が考えられます。

　親A・子C間の信託契約による信託設定の場合には、親Aの生前かつ判断能力のあるうちに、親Aを当初（第一次）受益者として信託の効力を生じさせ、受託者である子Cによる信託財産の管理を開始させ軌道にのせることができます。子Bを親Aの死亡時に受益権を取得する第二次受益者として、子Bのために長期的に信託財産から金銭を分割して給付することができる継続的な仕組みを親Aの生前から始めることができます。このように委託者である親Aの生前に信託の効力を生じさせ受託者である子Cによる財産管理を開始させる仕組みでは、信託財産である不動産の信託登記手続きについては、委託者・受託者の協働によりスムーズな設定が可能となります。預貯金・上場株式についても、信託口口座の設定などの手続き・管理方法について、実務の運用が固まっていない状況にありますから、委託者である親Aの生前かつ判断能力のあるうちに、委託者A・受託者Cが協働してどの金融機関にどのような口座を設定するか検討して進めることが望ましいといえます。

　信託契約においては、信託の効力発生時を委託者である親Aの死亡時とし、委託者である親Aの死亡により子Bが受益権を取得することとするスキームを作ることもできます（遺言代用信託。信託法90条1項）。一見するとシンプルな信託の定め方となりますが、受託者である子Cによる信託財産の管理が開始され子Bのための財産管理及び支出が可能となるまでにタイムラグが生じる可能性があることに注意する必要があります。

　遺言による信託設定の場合には、遺言の効力発生時、すなわち委託者Aの

死亡時に信託の効力が生じ、受益者である子Bのために、子Cが受託者となって信託財産の管理を開始します。この場合にも、上記の信託契約において信託の効力発生時を委託者Aの死亡時とした場合と同様に、不動産の信託登記や金融機関での預金の信託口口座の開設などに時間を要し、子Bのための財産管理及び支出が可能となるまでにタイムラグが生じる可能性があります。

（3）　信託財産

　信託の効力が発生した場合には、委託者である親Aから受託者である子Cに、信託財産である賃貸アパート、預貯金や上場株式を移転します。委託者となる親Aの意向に沿って、これらの財産の全部または一部を信託財産とすることができるとともに、信託財産からの給付についても、受託者となる子Cが、子Bの健康状態や生活状況に応じて柔軟な対応をとる仕組みを作ることができます。

ア　不動産

　不動産については信託の登記をしなければ、信託財産であることを第三者に対抗することができず、信託の登記をすることが受託者に義務付けられています（信託法14条、34条1項1号及び2項）。

　上記のとおり、信託契約により契約締結と同時に信託の効力を生じさせ所有権を受託者に移転する場合には、委託者が登記義務者、受託者が登記権利者となって共同で登記申請をします。なお、不動産登記法98条2項では、受託者が信託の登記を単独で申請できる旨が定められていますが、信託における不動産所有権の移転（信託のための形式的な移転）については、信託設定前の所有者である委託者Aが信託により所有権移転を受ける受託者Cと共同申請をすることになります（不動産登記法98条1項において、信託の登記の申請は権利移転の登記申請と同時でなければならないと定められており、権利移転の登記は同法60条に基づき共同申請となります）。

　遺言により信託が設定され遺言者である委託者（親A）の死亡により信託の効力が生じる場合には、受託者である子Cが遺言執行者とともに所有権移

転及び信託の登記を共同申請します。親Aの遺言において遺言執行者が定められていなければ、受託者である子Cは委託者である親Aの共同相続人全員との共同で登記申請を行うこととなります。本件において、親Aの死亡時に配偶者がなく、子B・C以外に兄弟姉妹がいないならば、共同相続人は子B・Cのみとなりますが、親Aの死亡時に配偶者がいれば当該配偶者と受託者が共同して登記申請をしなければならず、子B・C以外の兄弟姉妹がいるなら子B・C以外の兄弟姉妹と共同で登記申請をしなければならず、受託者による円滑な信託事務の遂行に支障が生じる可能性があります。そのような支障が生じる事態を避けるため、遺言による信託設定においては、遺言執行者を定め、その遺言執行者には、設定する信託スキームについて理解と協力を得ておくことが望ましいといえます。

　なお、遺言による信託設定においては、指定された受託者である子Cが、信託の効力が発生した親Aの死亡後、相当の期間内に、信託の引受をするか否か判断することになり、引き受ける旨を確答しない場合には、信託の引受をしなかったものとみなされます（信託法5条）。上記のとおり、委託者である親Aの死亡により信託の効力が生じる遺言信託では、親Aの死亡後という慌ただしい時期に、子Cが信託の引受・管理事務の着手をしなければならず、スムーズな財産管理の開始に難点がある他、子Cがその段階で信託の引受により受託者となることを拒んだ場合（病気など健康上の理由の他、親族関係の悪化など諸事情が考えられます）には、利害関係人が裁判所に受託者選任の申立てを行い、裁判所が受託者を選任することとなります（同法6条）。信託財産の管理が円滑に行われなければ、子Bの生活費などを安定的かつ継続的に管理し支出するというこの信託の目的が達せられないこととなります。そのような事態に陥らないようにするため、委託者Aは、子B・Cを含めた親族関係を良好に保ち、このような信託設定について十分な理解を得るとともに、子Cが信託の引受をしない場合に備えて第二次の受託者を定めておくなどの対策をとることが望ましいと考えられます。

イ　預貯金
　預貯金については、いかなる名義とするかについて信託法に定められてい

ませんが、信託財産を委託者及び受託者の財産から分離して管理する必要があり（信託法34条）、信託口の預貯金口座を開設するなどして明示的に分別することが考えられます。

　信託口の預貯金口座の開設が可能な金融機関は増加してきましたが、信託口の口座名義の取扱いの可否及び条件・要件については、金融機関により取扱いが異なります。金融機関からは、信託口口座の開設にあたり公正証書による信託契約書の作成が求められることが一般的となっています。預貯金口座の開設にあたっては、日本弁護士連合会の「民事信託業務に関するガイドライン」（2022（令和4）年12月16日）などを参考にしつつ、公正証書作成前に、信託口口座の開設をする金融機関との間で、信託契約・スキームの内容及び契約書の規定について、確認することが求められます。

　具体的な信託口口座の表示としては、「委託者○○受託者△△信託口」「受託者△△信託口」や、「受益者○○受託者△△信託口」といったものがあるなど、さまざまです[1]。

ウ　上場株式

　上場株式についても、受託者は委託者及び受託者の財産から分別して管理する必要がありますが（信託法34条）、実務的には、証券会社が信託口の証券口座の開設を認めることは、今のところ、多くはないようです[2]。

　上場株式を単純に受託者名義の証券口座にしますと、税務上の取扱いにおいても受託者の財産として取り扱われてしまいますので、注意する必要があります。上場株式を信託財産とする場合には、弁護士など法律専門家がサポートし、個別に、証券会社や信託銀行と受託者による分別管理の方法を協議して定めることが望ましいところです。

1　日本弁護士連合会「民事信託業務に関するガイドライン」（2022（令和4）年12月16日）3～4頁
2　株式等の金融資産についての信託口口座開設を認めている証券会社においても、信託口口座において取扱い可能な金融資産が限られていることもありますから、信託財産とする株式等の金融資産について個別に検討することが求められます。証券会社によっては、証券会社側が指定する士業（専門家）に委託者負担の有償で相談し助言を求めることを条件としている場合もあるなど、預貯金口座以上に、その対応はさまざまです。預貯金の信託口口座とは異なり、証券会社としては、受益者連続型の信託において信託口口座の開設を認めることは難しいようです。

（4） 信託期間

　信託期間は、信託契約による場合には設定時または委託者である親Ａの死亡時から、遺言による信託設定の場合には親Ａの死亡時から、いずれも受益者である子Ｂの死亡時までとします。

（5） その他

ア　信託目的

　信託契約により当初（第一次）受益者を委託者である親Ａとし、第二次受益者を子Ｂとする場合、信託の目的は、信託財産を管理・処分しその他本信託目的の達成のために必要な行為をして委託者兼当初受益者Ａ及び第二次受益者Ｂに対し必要な財産の給付等を行い、その生活を支援しかつ福祉を確保することとする定めが考えられます。また、信託契約により委託者である親Ａの死亡時に子Ｂが受益者となる場合及び委託者となる親Ａの遺言により信託を設定する場合、信託の目的は、信託財産を管理しその他本信託目的の達成のために必要な行為をして受益者Ｂに対し必要な財産の給付等を行い、その生活を支援しかつ福祉を確保することとする定めが考えられます。

イ　信託監督人または受益者代理人の選任

　受託者が受益者のために適切に信託財産を管理し受益者に給付することを監督し、受益者の保護を図り信託目的を達成するために、弁護士などの専門家を信託監督人または受益者代理人とすることが考えられます。

ウ　受託者Ｃの報酬

　信託契約において、受託者に対する信託報酬の定めをした場合には、受託者となった子Ｃに報酬を支払うことができます（信託法54条１項）。

エ　信託の変更

　信託の内容については、信託法149条に定める要件・手続きに従い、契約

締結後や効力発生後に変更することができます。具体的には、委託者・受託者・受益者３名の合意がある場合（信託法149条１項）、信託の目的に反しないことが明らかで受託者及び受益者の合意がある場合（同条２項１号）、または、信託の目的に反しないこと及び受益者の利益に適合することが明らかであって受託者の書面または電磁的記録による意思表示がある場合に（同項２号）、信託の内容を変更することができます。さらに、受託者の利益を害しないことが明らかである場合には委託者及び受益者の受託者に対する意思表示により（同条３項１号）、信託の目的に反しないこと及び受託者の利益を害しないことが明らかであるときは受益者の受託者に対する意思表示により（同項２号）、信託の内容を変更することができます。

　さらに、信託契約に別段の定めをすれば、その定めに従って信託の内容の変更が認められます（信託法149条４項）。例えば、信託契約において、信託監督人を置いた場合に、信託監督人と受託者が合意することにより信託契約の内容を変更することができる旨を定めることが考えられます。

　受託者について第二次受託者・第三次受託者を設置し、信託監督人または受益者代理人を置いた場合の関係図を以下に記載します。

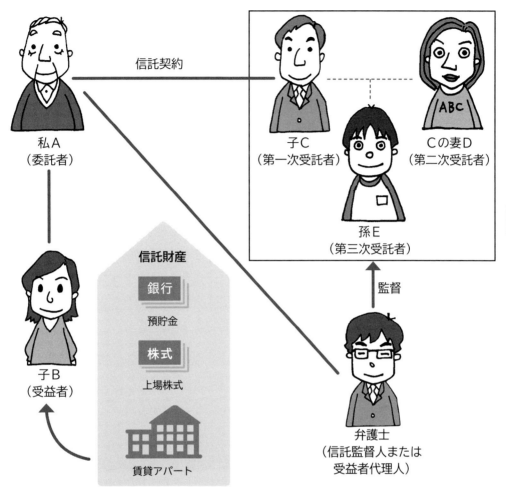

3 税務解説

（1） 信託設定時の課税関係

　この事例については、信託契約を前提としますと、親Aが子Cと信託契約
を結びますが、効力発生から親Aの死亡時点までは、親Aが受益者となりま
す。信託契約をすることにより、親Aの所有する賃貸アパート、預貯金、上
場株式の名義は受託者である子Cのものとなります。信託設定時の課税関係
は「事例１高齢者のための財産管理等」をご参照ください。

（2） 親Ａの相続税と障害者控除

　親Ａの相続発生時、受益者が親Ａから子Ｂに変更されます。この時点で、税制においては、親Ａから子Ｂに受益権が承継されたものとみなして、受益権の取得者である子Ｂに相続税が課されることになります（相続税法9条の2第2項）。相続税は取得した財産の価額に基づいて算定されますが、信託の場合は、受益権ではなく、受益権の元となる財産を評価して算定することになります（同条6項）。信託財産が賃貸アパート、預貯金、上場株式である場合は、各々の財産について相続税評価額を算定して計算することになります。評価方法や敷地の減額については、「事例[1]高齢者のための財産管理等 3 税務解説（2）相談者Ａの相続税の留意点」をご参照ください。

　相続税の税額の計算上、相続により財産を取得する人が障害者である場合は、障害者控除を適用できます。

　これは、相続時に日本に住所のある人（国内財産のみが課税対象となる人は除かれます）が被相続人の法定相続人であり、かつ、85歳未満の一定の障害者である場合に適用を受けることができる税額控除です。算式は次のとおりです（相続税法19条の4第1項）。

　　特別障害者に該当する場合の控除額　20万円×（85歳−相続時の年齢）
　　特別障害者以外の障害者の控除額　10万円×（85歳−相続時の年齢）

　身体障害者の方で障害者控除の適用を受けることができるのは、身体障害者手帳に、身体上の障害がある人として記載されている人であり、特別障害者は、身体障害者手帳に1級または2級と記載されている人です（相続税令4条の4第2項1号、所得税令10条1項3号、2項3号）。

　なお、障害者本人から引ききれない障害者控除部分については、同じ被相続人から相続または遺贈により財産を取得した扶養義務者の相続税額から控除することができます（相続税法19条の4第3項、19条の3第2項、第3項）。

　子Ｂは、日本に住んでいる親Ａの子どもであると考えられ、親Ａの法定相続人であり、かつ重度の身体障害があります。もし、子Ｂが身体障害者手帳で1級または2級である場合は親Ａの相続時点で特別障害者の税額控除の適

用を受けることができます。

　例えば、親Ａの相続発生時の子Ｂの年齢が40歳で子Ｂが身体障害者手帳２級であるならば、特別障害者として、20万円×（85歳－40歳）＝900万円を相続税額から控除することができます。

（3）　Ｂの所得と障害者控除

ア　不動産所得

　アパートの賃貸収入から生ずる所得（所得税法26条）については、受益者の所得（同法13条１項）となることから受益者が不動産所得として毎年申告しなければなりません。親Ａが受益者の場合は親Ａが申告し、子Ｂが受益者の場合は子Ｂが申告します。固定資産税は不動産の形式上の所有者である子Ｃが納付しますが（地方税法343条１項）、受益者の不動産所得の金額の計算上、必要経費として控除できます。

　不動産所得の諸問題については「事例①高齢者のための財産管理等　３税務解説（３）信託期間の不動産所得と所得税等の留意点」をご参照ください。

イ　配当所得・株式譲渡所得

　上場株式の配当は、所得税においては配当所得とされます（所得税法24条）。上場株式の配当は、支払い時には、20.315％の税率で源泉徴収され（租特法９条の３、地方税法71条の６、東日本大震災からの復興のための施策を実施するために必要な財源の確保に関する特別措置法28条）、原則的には、確定申告をせずに課税関係を終了させることができます（租特法８条の５）。確定申告をすることにより、源泉徴収された税額を還付することができる場合もありますし、課税所得等の大きさにより配当所得の金額の10％または５％を所得税から控除する配当控除の適用を受けることができます（所得税法92条）。

　上場株式の譲渡所得は、上場株式の譲渡収入から取得費と委託手数料等譲渡費用を差し引いて計算します（所得税法33条）。上場株式の譲渡所得は、他の所得と分離され、例えば、非上場株式の譲渡損失と上場株式の譲渡所得も

損益通算することができません（租特法37条の10、11）。

　信託した上場株式の譲渡についても、受益者に租特法の規定の適用ができると考えられます（租特通37の10・37の11共－21）。

　民事信託された上場株式について証券会社で受け入れたケースは少ないとされています。証券会社で上場株式を預ける場合、特定口座と一般口座に分かれます。特定口座の場合は、証券会社で年間の取引にかかる所得を記録し所有者に報告します（租特法37条の11の3）。特定口座には源泉徴収口座と、源泉徴収なしの口座があります（租特法37条の11の4）。源泉徴収口座の場合は、譲渡益について源泉徴収し、確定申告なしで精算をすることができます（租特法37条の11の5）。また、源泉徴収特定口座に配当を受け入れた場合は、同じ特定口座内の上場株式の譲渡損失と配当を損益通算して源泉徴収することができます（租特法37条の11の6）。一般口座の場合は、上場株式の譲渡損益を証券会社から交付された資料に基づいて自分で計算して確定申告する必要があります。証券会社で民事信託を受け入れた場合であったとしても特定口座で受け入れられるかどうかは確認が必要となります。

ウ　障害者控除

　相続税だけでなく、所得税においても障害者控除を適用することができます。

　特別障害者の場合は、40万円、特別障害者以外の障害者である場合は27万円を所得から控除することができます（所得税法79条1項）。

　これは、申告する本人が障害者である場合だけでなく、生計を一にする扶養親族等が障害者である場合も適用があります（所得税法79条2項）。さらに、特別障害者である扶養親族等で、納税者等と同居を常況としている人がいる場合は、75万円控除することができます（所得税法79条3項）。

　ですから、受益者Bが特別障害者である場合に所得税の申告について40万円の障害者控除が適用できるだけではなく、受益者Aも所得税の申告の際に40万円または75万円の障害者控除の適用ができる場合もあると考えます。

（4） 特定贈与信託

受託者が信託銀行か信託会社に限られますが、特別障害者を受益者とする信託を委託者の生前に設定した場合、信託財産の価額のうち6,000万円までが贈与税の非課税となる特定贈与信託があります（相続税法21条の４）。これは、信託された財産について、受益者の生涯にわたって定額の資金を支給し、生活の安定を図ることができるものです。この贈与税の非課税部分については、相続税の計算上持ち戻しをする必要がないことから相続税対策にもなります。

信託財産については、金銭だけでなく不動産も可能ですが（相続税令４条の11第４号、５号、６号）、信託銀行では原則的には金銭の受け入れに限定されています。信託会社の場合は不動産も受け入れるところがあります。信託終了時の財産の帰属については、信託設定時点で自由に決めることができますから、法定相続人だけでなく、社会福祉法人等を指定することもできます。

知的障害者や精神障害者の場合で中程度の障害であるときは、非課税限度額が3,000万円に限定されますが（相続税令４条の８）、この特定贈与信託の制度を利用できます。身体障害者の場合は特別障害者に限定されます。

子Bは、重度の身体障害であることから、親Aが元気なうちに財産の一部について特定贈与信託を設定するという選択肢も考えられます。

4 契約条項例

A（以下「委託者」という。）及びC（以下「当初受託者」という。）は、以下のとおり委託者の第２条に規定する財産を対象とし、当初受益者をA、A死亡時からの受益者をBとする信託契約を締結する。

第１条 （信託目的）

本信託は、次条記載の信託財産を管理・処分しその他本信託目的の達成のために必要な行為をして委託者兼当初受益者A及び第二次受益者Bに対し必

要な財産の給付等を行い、その生活を支援しかつ福祉を確保することを目的とする。受託者は、受託者が相当と認める方法で管理・処分その他本信託目的達成のために必要な行為を行い、受益者の生活費、医療費及び施設利用費等を支払う。

第2条　（信託財産）

　委託者は、当初受託者に対し、別紙信託財産目録記載の財産を信託財産として信託し、当初受託者はこれを引き受けた。委託者は、受託者と合意し、本信託に信託財産を追加することができる。

第3条　（受託者）

　本信託の当初受託者は、委託者の子Ｃ（住所：○、生年月日：○）である（以下、この者を「当初受託者」という。）。

第4条　（受託者の任務の終了及び後継受託者）

1．当初受託者について次の事由が生じたときは、当初受託者の任務は終了する。

　（1）　当初受託者が死亡したとき。

　（2）　当初受託者について後見または保佐開始の審判がされたとき。

　（3）　当初受託者について補助開始の審判がされたとき。

　（4）　当初受託者を委任者とする任意後見契約について、任意後見監督人が選任されたとき。

　（5）　前各号に定める他、信託法の規定により受託者の任務が終了したとき。

2．当初受託者の任務が終了したときは、委託者の子Ｄ（住所：○、生年月日：○）が本信託の受託者となる（以下、この者を「後継受託者」という。）。

3．当初受託者は、本信託の信託財産及び信託事務を円滑に引き継ぐことを考慮し、第1項第3号及び第4号の事由が生ずる前の適切な時期に受託者の任務を辞任し、前項の後継受託者へ信託財産及び信託事務を引き継ぐように努めるものとする。

第5条　（善管注意義務等）

1．受託者は、信託事務を処理するにあたっては、本信託の目的に従い、善良な管理者の注意をもって、その事務を遂行する。

2．受託者は、信託事務の遂行にあたって、必要がある場合には、信託監督人の同意を得て第三者にその事務の一部を行わせることができる。

第6条　（信託事務）

受託者は、以下の信託事務を行う。

（1）　別紙信託財産目録2記載の不動産を管理し、本信託の目的を達するため必要がある場合には処分すること（不動産を処分した場合には受領した金銭を管理すること）。

（2）　別紙信託財産目録2記載の不動産を第三者に賃貸し、賃借人から賃料を受領し、受領した金銭を管理すること。

（3）　信託財産に属する金銭を管理し、受益者の生活費、医療費、介護費及び不動産その他信託財産の管理・処分などの信託事務の遂行のための費用にあてるために支出すること。

（4）　その他本信託の目的を達成するため必要な事務を行うこと。

第7条　（受益者）

1．本信託の当初受益者は、委託者Aとする。

2．当初受益者が死亡したとき、同人の有する受益権は消滅する。

3．前項の場合には、第二次受益者Bが新たな受益権を取得する。

第8条　（受益権）

受益者は、受益権として以下の内容の権利及びこれを確保するために信託法の規定に基づいて受託者その他の者に対し一定の行為を求めることができる権利を有する。

（1）　信託財産目録記載2の信託不動産を第三者に賃貸したことによる賃料から給付を受ける権利

（2）　信託財産目録記載2の信託不動産が処分された場合には、その代価

　　　から給付を受ける権利

（3）　信託財産目録記載1の金銭、信託財産目録3記載の株式、及び、受
　　　託者が本信託のために開設した預金から給付を受ける権利

第9条　（信託の開始及び終了）

1．本信託は、本契約の締結日を信託開始日とする。

2．本信託は、以下の各号に該当する事由が生じたときは終了する。

（1）　信託の目的を達成したときまたは信託の目的を達成することができ
　　　なくなったとき。

（2）　当初受益者及び第二次受益者のいずれもが死亡したとき。

（3）　その他信託法の定める信託終了事由に該当するとき。

第10条　（帰属権利者等）

1．本信託が前条第2項第2号の定めにより終了したときの残余財産の帰属
　すべき者を、以下のとおり指定する。

（1）　別紙信託財産目録記載1の金銭、同記載2の不動産については、委
　　　託者の子Cを帰属権利者として指定する。

（2）　別紙信託財産目録記載3の株式及び受託者が本信託における信託財
　　　産に属する株式その他の金融資産専用の口座として証券会社において
　　　開設した口座にて管理する財産については、委託者の子Dを帰属権利
　　　者として指定する。

（3）　上記第1号及び第2号に記載の他、受託者が信託財産に属する預金
　　　専用の口座として開設した口座の残額その他の信託終了時の信託財産
　　　については、子Cを帰属権利者として指定する。

2．本信託が前条第2項第1号または第3号の定めにより本信託が終了した
　ときの残余財産の帰属すべき者として、本信託終了時の受益者を指定す
　る。

第11条　（委託者の権利）

　委託者Aの死亡により、信託法上の委託者の権利は消滅し、相続人に承継

されないこととする。

第12条 （信託の変更）

　信託法149条１項から３項の規定に代えて、信託の目的に反しないこと及び受益者の利益に適合することが明らかであるときに限り、受託者は、信託監督人の同意を得て、書面または電磁的記録による意思表示により信託を変更することができる。

第13条 （信託監督人）

１．本信託の信託監督人として、以下の者を指定する。

　　　　住所（事務所所在地）

　　　　職業　弁護士

　　　　氏名　Ｆ

　　　　生年月日

２．信託監督人は、受益者及び受託者の同意を得て辞任することができる。

３．信託監督人は、年　　　万円の報酬を受ける。また、その任務のために現地調査・金融機関など関連各所との交渉などその他監督事務の遂行のために作業を要した場合において、半日当　　　万円・日当　　　万円の報酬を受ける。信託監督人の任務に要した費用については、信託財産から支出する。

第14条 （管轄裁判所）

　本信託及び本契約に定める権利義務に関して争いが生じた場合には、東京地方裁判所を第一審の専属的合意管轄裁判所とする。

　本契約の締結を証するため本書２通を作成し、委託者及び当初受託者が各１通を保有する。

　　　　　　　　　　　　　　年　　　月　　　日

委託者

　　　住所

　　　氏名

受託者

　　　住所

　　　氏名

（戸田智彦・菅野真美）

配偶者の自宅を確保するための信託

《事　例》

　私Ａ（65歳）には、妻Ｂ（60歳）がいます。妻Ｂとの間には、子どもはいませんが、すでに亡くなった先妻Ｘとの間に、子Ｙ（30歳）がいます。

　私の主な資産は、自宅不動産（土地と建物。時価２億円）と金融資産（8,000万円）です。

　私が死んだ後には、最終的には、自宅不動産は子Ｙに譲りたいと考えていますが、妻Ｂが生きている間は、妻Ｂに自宅不動産に住み続けてもらいたいと考えています。

　なお、妻Ｂと子Ｙとの間では、養子縁組をしていません。また、子Ｙはすでに独立し、私たちが住んでいる自宅不動産からは出ており、賃貸不動産で生活しています。

先妻X

妻Bと養子縁組
していない

子Y　30歳

私A　65歳

妻B　60歳

Aさんの資産

時価2億円

自宅不動産
（土地と建物）

銀行

金融資産　8,000万円

《信託スキーム例》

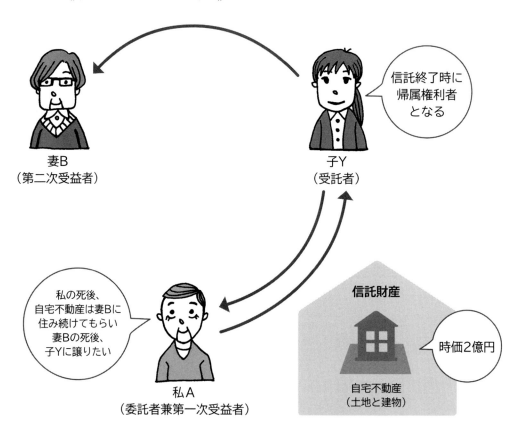

妻B
（第二次受益者）

子Y
（受託者）

信託終了時に
帰属権利者
となる

私の死後、
自宅不動産は妻Bに
住み続けてもらい
妻Bの死後、
子Yに譲りたい

私A
（委託者兼第一次受益者）

信託財産

時価2億円

自宅不動産
（土地と建物）

　ご質問の件では、相談者Aさんが、Aさんの死後に自宅不動産を妻Bさん
に利用させるため、自宅不動産を信託財産として信託を設定し、信託終了時
には子Yさんを帰属権利者として指定する方法が考えられます。

　信託の設定には、信託契約、遺言による信託、自己信託の３つの方法があ
りますが、実務では信託契約を締結することが一般的です。

　本事例において信託を設定する場合には、受託者を誰にするのかが問題に
なります。妻Bさんと子Yさんとの仲が悪くない場合には、Yさんに受託者
を任せることも可能です。Yさんに受託者を任せられない場合には、その他
の親族のうち適任者に受託者になってもらうことを検討します。

　この事例における信託契約のポイントは、妻Bさんを受益者として、自宅
不動産を利用する権利を認める一方で、自宅不動産を所有する受託者には、

自宅不動産を処分する権限を与えずに、確実に自宅不動産を子Yさんに承継させることです。

　受益者については、信託契約締結後、相談者Aさんの存命中には、Aさん自身を当初（第一次）受益者とすることが一般的です。Aさんの死後には、妻Bさんを第二次受益者とします。

　信託は妻Bさんの死亡により終了させます。信託終了時には、信託財産となっていた自宅不動産を、子Yさんが帰属権利者として承継することとします。

1 信託を使うメリット

① 相談者Aの自宅不動産に関する将来の利用者及び承継者について、相談者Aの生前に、相談者Aの希望に沿った仕組みを作ることができます（財産管理・承継）。

② 相談者Aが高齢になり、自宅不動産の管理が困難になった場合にも、その管理を受託者に任せることができます（財産管理）。

③ 妻Bの存命中には、高齢となった妻Bの手をわずらわせることなく、妻Bに自宅不動産を利用させることができます（財産管理）。

④ 相談者Aの希望に従って、自宅不動産を確実に子Yに承継させることができます（承継）。

2 法務解説

（1） 当事者

ア 委託者

本事例では、相談者Aが委託者となります。

相談者Aは、自宅不動産の所有者です。A自身が亡くなった後のAが所有する不動産の利用者及び承継者について、委託者であるAの希望を実現するために、本信託は利用されることになります。

なお、後述のとおり、相談者Aは委託者であるとともに、信託設定時の当初（第一次）受益者となります。本事例において妻Bを保護するためには、Aの死亡後に、妻Bに自宅不動産を利用する権利を与えれば十分であるとともに、信託設定時に、妻Bを受益者とすると、その時点において信託財産そのものが妻Bに贈与された場合と同様に贈与税が課されることになってしまいます。そのため、信託設定時ではなく、Aの死亡時に妻Bが受益権を取得するというスキームを組むことが一般的です。Aが死亡し、妻Bが受益権を取得した時点で、妻Bには相続税が課されることになります。

イ　受託者

（ア）妻Bと子Yの仲が悪くない場合

　妻Bと子Yの仲が悪くない場合には、まず、子Yを受託者とすることが考えられます。子Yは受託者として、信託設定時から相談者Aの自宅不動産の管理を始めます。

　他の事例と同様に、子Yが妻Bよりも早く死亡するなどして、受託者としての財産管理などの任務を遂行できなくなった場合に備えて、後継受託者の定めを置くことが考えられます。なお、本事例では、子Yに相談者Aの自宅不動産を承継させることも信託目的となっていますので、子Yが妻Bよりも早く死亡した場合には、後述の帰属権利者の定めについても、子Y以外の者とするように工夫が必要となってきます。

（イ）妻Bと子Yの仲が悪い場合

　妻Bと子Yの仲が悪い場合には、子Yを受託者とすると、子Yが妻Bのために、相談者Aの自宅不動産を適切に管理しないなど、トラブルの元になります。このような場合には、子Y以外の者を受託者とすることが適切です。

　子Y以外の受託者の候補者としては、相談者Aに信頼できる親族がいれば、その親族に受託者となることを依頼するとよいでしょう。

　そのような信頼できる親族がいない場合には、信託会社を受託者とすることを検討します。なお、信託会社を受託者とする場合には、相応の信託報酬を支払うことになりますので、コスト面での注意は必要です。

ウ　受益者

（ア）当初（第一次）受益者

　本事例では、相談者Aが存命中には、A自身を当初（第一次）受益者とします。前述のとおり、仮に、妻Bを当初（第一次）受益者とした場合には、妻Bに贈与税が課されることになります。また、Aの存命中には、妻Bは、Aの配偶者として、Aが所有する不動産を利用することが可能ですので、妻Bをあえて当初（第一次）受益者とする必要もありません。

　信託を設定する場合、受益者を定めるとともに、信託行為によって、その受益者が取得する受益権の内容も定める必要があります（信託法2条7項参

照）。本事例においては、相談者Aが取得する受益権の内容としては、信託財産となっている不動産を生活の本拠として使用する権利とすることが考えられます。

（イ）第二次受益者

　相談者A（委託者兼当初（第一次）受益者）が死亡した場合の第二次受益者として、妻Bを指定します。

　妻Bには、第二次受益者として、信託財産となった不動産を生活の本拠として使用する権利を認めることにします。

エ　帰属権利者

　本信託の目的は、妻Bの存命中には妻Bに信託不動産を使用することを認めつつ、妻Bが亡くなったときには、子Yに信託不動産を承継させることです。そのため、信託が終了した際に、残余財産が帰属する者（帰属権利者）として、子Yを指定することになります（信託法182条1項2号）。

　また、妻Bよりも先に子Yが死亡した場合には、子Yを帰属権利者とする指定は無効となり、帰属権利者の指定に関する定めがなかったことになります（信託法182条2項参照）。そのような場合に備えて、子Yに代わって帰属権利者となる者を指定しておくことが適切です。仮に、子Yに子（相談者Aからみて孫）がいる場合には、予備的に、その者を帰属権利者として指定することなどが考えられます。

　なお、帰属権利者の指定に関する定めがない場合には、委託者またはその相続人その他一般承継人を帰属権利者として指定する旨の定めがあったものとみなされます（信託法182条2項）。そのため、相談者Aの孫を予備的に帰属権利者と指定した場合と同じ結果になりますが、例えば、Aに複数の孫がいて、そのうちの特定の孫に自宅不動産を承継させたい場合などには、予備的に、帰属権利者の指定を行う意味があります。

（2）　信託行為

　本事例のようなケースでは、相談者Aを委託者として、子Y（または信頼

できる親族）を受託者として、Aと子Y（または信頼できる親族）との間で信託契約（信託法2条2項1号、3条1号）を締結することが一般的です。

このように信託契約により信託を設定する場合には、相談者Aの生前、その判断能力があるうちに、A自身を当初（第一次）受益者として信託の効力を生じさせ、受託者が信託財産の管理を開始し、信託の運用を軌道に乗せることができます。

（3）　信託財産

ア　不動産

信託の効力が発生した際には、委託者である相談者Aから受託者に、信託財産である自宅不動産（土地及び建物）の所有権を移転します。

不動産については信託の登記をしなければ、信託財産であることを第三者に対抗することができず、また、信託の登記をすることが受託者に義務付けられています（信託法14条、34条1項1号、34条2項）。

自宅不動産の登記手続きについては、信託を原因とした所有権移転登記（不動産登記法59条以下）及び信託の登記（同法97条以下）のいずれの登記手続きも行う必要があります。このうち信託を原因とした所有権移転登記は、委託者と受託者との共同申請が必要ですが（同法60条）、他方、信託の登記は受託者の単独申請で行うことができます（同法98条2項、3項）。

イ　金銭

受託者が不動産を管理するには、建物の修繕費用や固定資産税の支払いのために、ある程度の金銭が必要になります。そのため、受託者に不動産を管理させることを内容とする信託を設定する際には、同時に、受託者に一定程度の金銭も信託することが適切です。信託された金銭を、受託者は金銭のまま管理することも、預金して管理することもあり得ます。

金銭または預金債権については、信託財産であることを公示しなくとも、信託財産であることを第三者に対抗することができます。

信託法では、金銭または預金債権の分別管理の方法として、受託者に、そ

の計算を明らかにする方法しか要求していません（信託法34条1項2号ロ）。しかし、受託者に信託財産の適切な管理を求めるためには、信託行為によって、受託者に対し、金銭に関しては受託者の固有財産と外形上区別できる方法、預金債権に関しては信託預金の専用口座（いわゆる信託口口座）を開設する方法を義務付けることが望ましいと考えられます[1]。

　金融機関における信託口口座の取扱いについては、実務的な運用は定まっていません。信託口口座の開設の可否や開設の条件については、金融機関によって対応が異なっています。信託口口座の開設を希望している金融機関に、信託口口座の開設の可否や開設する場合の条件について、信託契約書を完成させる前に問い合わせをしてください[2]。

（4）　信託期間または信託の終了事由

　本事例においては、妻Bに相談者Aの自宅不動産を利用させるとともに、子Yにその自宅不動産を承継させることがAの希望です。そのため、信託期間は、本信託契約時から妻Bが亡くなるまでになります。

　信託条項において、信託期間として規定する方法もありますが、一般的には、信託の終了事由として規定します（信託法163条9号）。

（5）　その他

ア　信託目的

　信託目的は、受託者が信託事務を行う際のガイドラインになるばかりではなく、受託者が行う信託事務がその権限内の行為かどうかの判断基準にもなります（信託法26条参照）。そのため、信託契約には信託目的を必ず記載するとともに、できる限り具体的に規定することが望ましいと考えられます。

1　信託口口座に関わる法的な整理や問題点などについては、日本弁護士連合会「信託口口座開設等に関するガイドライン」（2022（令和2）年9月10日）を参照してください。
2　東京地判令和3年9月17日家庭の法と裁判35号134頁〔28293649〕では、信託契約書の案文の作成業務を受任した専門職が、事前に金融機関に口座開設の可否を問い合わせずに信託契約公正証書を作成したところ、結果的に、信託口口座の開設及び信託内融資を受けることができず、情報提供義務及びリスク説明義務違反を理由に不法行為責任が認定されました。

前述のとおり、本信託の目的は、相談者Aの死亡後、妻Bの存命中には、妻Bが安定した生活を送るために、妻BにAの自宅不動産を使用させること及び妻Bの死後には、Aの自宅不動産を子Yに承継させることの2つになります。

イ　受託者の権限

　受託者は、信託財産の所有者として、①信託財産を管理する行為、②信託財産を処分する行為、③信託財産に関する権利を取得する行為、④債務を負担する行為、⑤信託財産に関する訴訟を追行する行為などを行う権限を有していますが、これらの受託者の権限は信託行為によって制限を加えることができます（信託法26条ただし書参照）。

　本信託においては、妻Bが第二次受益者である間には、妻Bに相談者Aの自宅不動産を使用する権利を認めることになりますが、他方、妻Bが亡くなった後には、子YにAの自宅不動産を取得させることが信託目的になっています。そうすると、受託者に信託財産であるAの自宅不動産を処分する権限を認めてしまった場合、子YにAの自宅不動産を取得させることができなくなってしまいます。また、受託者が信託財産であるAの自宅不動産に担保権を設定することが可能であれば、Aの自宅不動産が競売され、子Yが取得することができない事態も想定されます。

　そこで、本信託においては、信託行為によって、受託者の信託財産を処分する権限や信託財産に担保権を設定する権限を制限することが適切です。

ウ　信託監督人または受益者代理人の選任

　信託法においては、原則として、受益者が受託者を監視・監督する権限を有しており（信託法92条に列挙されている権利）、この受益者の権限は信託行為によっても制限することはできないとされています（同条）。

　このように、信託法は、受益者が受託者を監視・監督することを想定していますが、受益者が年少者、高齢者や障がい者である場合には、受益者の受託者に対する監視・監督権限を適切に行使することを期待することができません。

そこで、受益者による受託者に対する監視・監督権限の行使が期待できない場合には、受託者を監督する役割を有する信託監督人または受益者代理人を選任することが相当です（信託法131条以下、138条以下）。

本信託においても、高齢である妻Bが受託者を十分に監督することができないと考えられるため、信託監督人または受益者代理人を選任することが適切です。この信託監督人または受益者代理人には、信託制度について知識を有している弁護士などの専門職を選任することが望ましいと思われます[3]。

③ 税務解説

この事例では、相談者Aが委託者となり、子Yを受託者としてAの住む自宅を信託します。Aの所有する自宅の名義は受託者である子Yのものとなります。しかし、信託による受託者への財産の移転について、子Yに贈与税は課せられません。なお、自宅の固定資産税は、信託したことにより名義が子Yになることから、子Yに納付書が送られてきて税金を払うことになります（地方税法343条1項）。以下において、「（1）相談者Aの相続発生時（信託期間中）の自宅の評価と小規模宅地等の特例」「（2）妻Bの相続発生時（信託終了時）相続税額の加算と小規模宅地等の特例」を説明します。

（1）　相談者Aの相続発生時（信託期間中）の自宅の評価と小規模宅地等の特例

相談者Aの相続発生時、受益者がAから妻Bに変更されます。この時点で、税制においては、Aから妻Bに受益権が承継されたものとみなして、受益権の取得者である妻Bに相続税が課されることになります（相続税法9条の2第2項）。相続税は取得した財産の価額に基づいて算定されますが、信託の場合は、受益権ではなく、受益権の元となる財産を評価して算定することになります（同条6項）。

3　日本弁護士連合会の「民事信託業務に関するガイドライン」（2022（令和4）年12月16日）では、民事信託では、原則として、信託監督人または受益者代理人の監督機関を設置することを求め、その監督機関には信託契約書の案文を作成した弁護士が就任することが望ましいとしています（「Ⅱ　民事信託業務を行う際の留意点　第10　弁護士による継続的な関与」）。

信託財産が自宅である場合は、自宅の家屋と敷地の相続税評価額を算定して計算することになります。評価方法は、家屋については、その家屋の相続開始年分の固定資産税評価額で計算します。宅地である敷地部分については、その敷地が面する道路に路線価が定められている場合は、その路線価に敷地の面積を乗じて計算します。路線価が定められていない地域にある場合は、その敷地の固定資産税評価額に倍率を乗じて計算します。路線価地域か倍率地域かは、国税庁ホームページの財産評価基準書路線価図・評価倍率表（http://www.rosenka.nta.go.jp/）から調べることができます。賃貸アパートのように、権利が制限されることから生ずる評価の減額はありません。

　なお、マンションの評価方法については、「事例 5 不動産（収益物件の管理）で借入債務が発生するケース　3　税務解説（1）賃貸アパートの評価とマンションの評価通達の改正、財産評価基本通達第 1 章 6 項（総則 6 項）による更正」を参照してください。

　被相続人の配偶者が、被相続人の自宅の敷地を取得した場合、取得した敷地の面積のうち330m²までは、評価額の80％を減額することができます（租特法69条の 4 ）。この規定は、自宅を信託し、受益者が配偶者になった場合も同様に適用できます（租特令40条の 2 第27項、租特通69の 4 - 2 ）。ですから、妻 B も80％の減額を受けることができます。

　もし、自宅の相続税評価額が 1 億5,000万円で、330m²以下であるならば自宅の宅地の相続税評価額は 1 億5,000万円×（1 - 0.8）＝3,000万円となります。

　また、受益者が妻 B であることから、配偶者の相続税額の軽減を適用することができます。つまり、被相続人から配偶者が取得した小規模宅地等の特例適用後の財産の価額のうち配偶者の法定相続分相当額または 1 億6,000万円のいずれか大きい価額までは相続税が課せられないことになります（相続税法19条の 2 ）。

（2）　妻 B の相続発生時（信託終了時）相続税額の加算と小規模宅地等の特例

　妻 B の相続発生により信託は終了し、妻 B の相続による財産の取得であることから、子 Y は取得について相続税の課税対象となります。ここで注意し

てほしいことは、妻Bと子Yの親族関係です。子Yが妻Bの養子とならない限り、子Yは相談者Aと先妻の子であることから2人の関係は一親等の姻族となります。妻Bの相続により子Yが取得した財産にかかる相続税については、実子や配偶者が取得した場合と比較して20％増しの税額を納付しなければならないことになります（相続税法18条）。

　相続税を計算する際の自宅の評価方法は上記（1）の相談者Aの相続発生時と同様となります。

　ただし、信託していた自宅の敷地のうち330m²までの部分について80％の減額の制度を適用することについては、留意点があります。

　現行の租特法施行令40条の2第27項は、「法第69条の4の規定の適用については、相続税法第9条の2第6項の規定を準用する。」と定められています。そして相続税法9条の2第6項は「第1項から第3項までの規定により贈与又は遺贈により取得したものとみなされる信託に関する権利又は利益を取得した者」となっており、第4項、すなわち、信託の終了により残余財産を取得した者についての小規模宅地の適用は含まれておらず、また租特法69条の4において、信託終了時の帰属権利者まで含まれているかどうか読み取りにくくなっています。

　もし信託の終了ではなく、通常の遺贈による妻BからYへの財産の遺贈の場合、子Yが妻Bの生前に自宅で同居しており、相続税の申告期限まで自宅の敷地である宅地を所有し居住し続けているとき、子Yは妻Bの親族だから、自宅の敷地部分について80％の減額を受けることができます（租特法69条の4第3項2号イ）。また、子Yが同居していなくとも、妻Bの自宅に同居した法定相続人がいないこと、子Yが相続開始前3年以内に一定の親族等の所有する家に住んでいないこと、相続開始時に子Yが住んでいた家屋を相続開始前に所有していないこと、申告期限まで妻Bの自宅の敷地である宅地を所有していること等の条件を満たした場合は、子Yが取得した自宅の敷地部分について80％の減額を受けることができます（租特法69条の4第3項2号ロ）。

　実質的には同じような現象が起きているにもかかわらず、信託の終了のときのみ小規模宅地の減額の特例が適用されないことは不合理であると考えま

す。

4 契約条項例

　ここでは、本信託においてポイントとなる条項例を示します。基本となる信託契約書例は本書78頁を参照してください。

信託契約書例は本書78頁を参照してください。

第〇条　（信託目的）

　本契約の信託目的は、以下のとおりである。

　委託者A（以下「委託者」という。）の別紙信託財産目録記載の財産（以下「信託財産」という。）を受託者Y（以下「当初受託者」という。）または第〇条に定める後継受託者（以下、当初受託者と後継受託者をあわせて「受託者」という。）が管理または処分することにより

　（1）　相談者Aの死亡後、妻Bが生涯安定した生活を送るため、妻Bに相談者Aの自宅不動産を使用させること。

　（2）　妻Bの死後には、相談者Aの自宅不動産を子Yに承継させること。

第〇条　（受託者の権限の制限）

　受託者は、次の行為をする権限を有しない。

　（1）　信託財産に属する財産である不動産を処分すること。

　（2）　信託財産に属する財産である不動産に担保権を設定すること。

第〇条　（受託者の分別管理義務）

　受託者は、信託財産に属する金銭及び預金と受託者の固有財産とを、以下の各号に定める方法により、分別して管理しなければならない。

　（1）　金銭　　信託財産に属する財産と受託者の固有財産とを外形上区別できる状態で保管する方法

　（2）　預金　　信託財産に属する預金専用の口座を開設し当該口座で管理する方法

第○条　（受益者の指定）

1．本信託の当初受益者は、委託者Aとする。

2．前項の当初受益者が死亡したとき、同人が有していた受益権は消滅する。

3．前項の場合には、第二次受益者として妻Bが新たに受益権を取得する。

第○条　（受益権の内容）

　受益者は、受益権として、以下の内容の権利（以下「受益債権」という。）及びこれを確保するために信託法の規定に基づいて受託者その他の者に対し、一定の行為を求めることができる権利を有する。

　（1）　信託財産に属する財産である不動産を生活の本拠として使用する権利

　（2）　信託財産に属する財産である預金から給付を受ける権利

第○条　（信託の終了事由）

　本信託は、以下の各号に該当する事由が生じたときは終了する。

　（1）　第二次受益者である妻Bが死亡したとき。

　（2）　その他信託法が定める信託終了の原因があるとき。

第○条　（帰属権利者の指定）

1．本信託が本信託契約書第○条（信託の終了事由）第1号の定め（第二次受益者妻Bの死亡）により終了したときの残余財産の帰属すべき者を、以下のとおり指定する。

　　　子Y

　　ただし、第二次受益者である妻Bよりも先または同時に、子Yが死亡していた場合には、残余財産は子Yの直系卑属に帰属させる。

2．本信託が本信託契約書第○条（信託の終了事由）第2号の定め（その他信託法が定める信託終了の原因）により終了したときの残余財産の帰属すべき者として、本信託終了時の受益者を指定する。

（伊庭潔・菅野真美）

4

民事信託と任意後見の併用

《事　例》

　私Ａ（78歳）には、妻Ｂ（75歳）がいます。妻Ｂとの間には、長女Ｃ（45歳）がいます。長女Ｃは結婚しており、隣の町に住んでいます。

　私の主な資産は、自宅不動産（土地と建物）（時価6,000万円）、収益不動産（土地と建物）（時価１億8,000万円）と金融資産（2,000万円）です。金融機関からの借入金が4,000万円あります。

　自宅不動産に関しては、私が死んだ後も妻Ｂに住み続けてもらいたいと考えていますが、妻Ｂが施設に入所した後は売却しても構いません。また、収益不動産からの収益で私たちの生活費を賄うとともに、借入金の返済を行ってもらいたいと考えています。私は高齢になったため、自宅不動産や収益不動産の管理を長女Ｃに任せたいと望んでいます。

　ところで、収益不動産は、数年後には大規模修繕を行う必要があり、そのための費用は金融機関から借入れることを予定していますが、私が高齢のため、金融機関は私に対して融資することに難色を示しています。

　私や妻は、身体能力や判断能力が低下したときには、施設への入所を望んでいます。そのために必要な手続きなども長女Ｃに任せられれば安心です。

高齢。
修繕予定の
収益不動産を
保有

私A　78歳　　　　　妻B　75歳

長女C　45歳

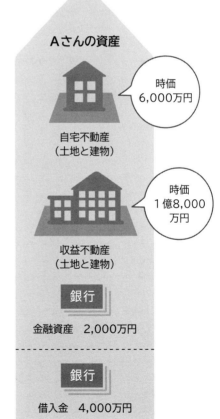

Aさんの資産

時価
6,000万円

自宅不動産
（土地と建物）

時価
1億8,000
万円

収益不動産
（土地と建物）

銀行

金融資産　2,000万円

銀行

借入金　4,000万円

《信託スキーム例》

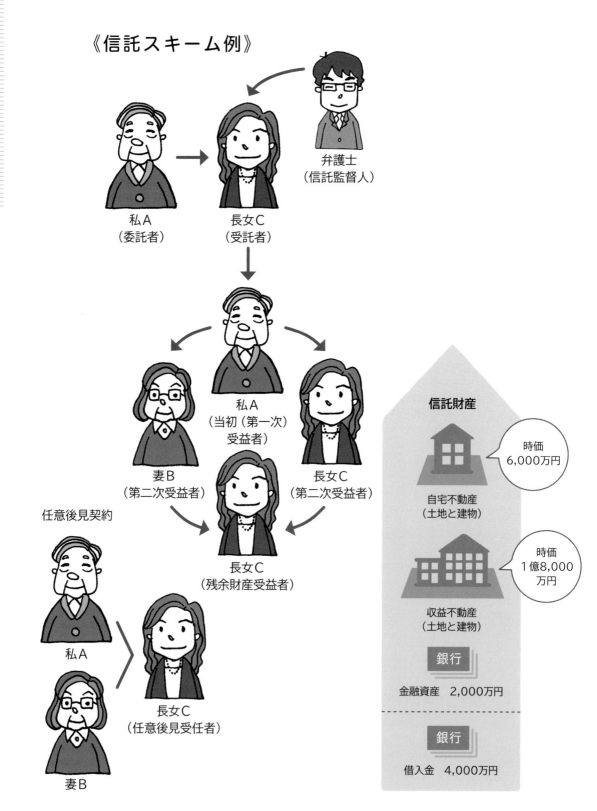

弁護士
（信託監督人）

私A
（委託者）

長女C
（受託者）

私A
（当初（第一次）
受益者）

妻B
（第二次受益者）

長女C
（第二次受益者）

長女C
（残余財産受益者）

任意後見契約

私A

妻B

長女C
（任意後見受任者）

信託財産

時価
6,000万円

自宅不動産
（土地と建物）

時価
1億8,000
万円

収益不動産
（土地と建物）

銀行

金融資産　2,000万円

銀行

借入金　4,000万円

ご質問の件では、相談者Aさんの存命中及び死後の自宅不動産及び収益不動産の管理及び処分を長女Cさんに任せるために、自宅不動産及び収益不動産を信託財産、受託者を長女Cさんとした信託を設定することが考えられます。

　また、Aさんは、Aさん及び妻Bさんの判断能力が低下した際には、施設入所などの手続きも長女Cさんに任せたいと希望しています。ところで、民事信託の受託者には、施設入所手続きや入院手続きなどを行う身上保護に関する権限はありません。長女Cさんが両親のためにこれらの身上保護に関する手続きを行うには、成年後見制度の利用を検討することになります。成年後見制度には、法定後見と任意後見がありますが、長女Cさんの世話になりたいという相談者Aさんの希望を叶えるためには、自ら後見人を選ぶことができる任意後見を利用することが適していると思われます。

　民事信託と任意後見の関係ですが、それぞれ単独で利用することもできますが、民事信託と任意後見のメリットを生かすために、両制度を併用することも可能です。財産管理に関しては、民事信託と任意後見が重複することになりますが、両制度は対象財産により使い分けることになります。本事例では、Aさんの自宅不動産、収益不動産及び不動産の管理に必要な金銭は民事信託の対象とし、Aさんの身上保護のために必要な金銭は任意後見の対象とすることが考えられます。

1　信託と任意後見を併用するメリット

① ［民事信託］相談者Aの自宅不動産及び収益不動産に関する将来の利用者及び承継者について、相談者Aの生前に、相談者Aの希望に沿った仕組みを作ることができます（財産管理・承継）。

② ［民事信託］妻Bの存命中には、高齢となった妻Bの手をわずらわせることなく、妻Bに自宅不動産を利用させることができます（財産管理）。

③ ［民事信託］収益不動産の大規模修繕のための借入れにも対応することができます（財産管理）。

④ ［任意後見］相談者A及び妻Bが施設入所の必要などの課題が生じた際に、長女Cが必要な手続きを行うことができます（身上保護）。

2　法務解説

（1）　当事者

ア　民事信託

（ア）委託者

　本事例では、相談者Aが委託者となります。

　Aは、自宅不動産及び収益不動産の所有者です。A自身が亡くなった後のAが所有する各不動産の利用者及び承継者について、委託者であるAの希望を実現するために、本信託は利用されることになります。

　なお、後述のとおり、Aは委託者であるとともに、信託設定時の当初（第一次）受益者となります。本事例において、信託設定時に、妻Bや長女Cを受益者としてしまうと、その時点において信託財産そのものが妻Bや長女Cに贈与された場合と同様に贈与税が課されることになってしまいます。そのため、信託設定時ではなく、Aの死亡時に妻Bや長女Cが受益権を取得するというスキームを組むことが一般的です。Aが死亡し、妻Bや長女Cが受益権を取得した時点で、妻Bや長女Cには相続税が課されることになります。

（イ）受託者

　本事例では、相談者Aが信頼している長女Cを受託者とします。長女Cは受託者として、Aの存命中から自宅不動産や収益不動産の管理を始めます。また、不動産がAの債務の担保となっている場合には、当該不動産を信託財産とするとともに、受託者である長女CがAの債務を引き受けることが一般的です。

　なお、長女Cが妻Bよりも早く死亡するなどして、受託者としての財産管理などの任務を遂行できなくなった場合に備えて、後継受託者の定めを置くことが必要になります。本事例では長女Cには兄弟がいないので、例えば、長女Cの子を後継受託者とすることが考えられます。

（ウ）受益者

　本事例では、相談者Aが存命中には、A自身を当初（第一次）受益者とします。Aの存命中には、妻Bは、Aの配偶者として、Aが所有する不動産を利用することが可能ですので、妻Bをあえて当初（第一次）受益者とする必要もありません。

　信託を設定する場合、受益者を定めるとともに、信託行為によって、その受益者が取得する受益権の内容も定める必要があります（信託法2条7項参照）。本事例においては、相談者Aが取得する受益権の内容としては、自宅不動産に関しては、自宅不動産を生活の本拠として使用する権利及び将来、売却することも予定されているため、自宅不動産が処分された場合には、その代価から給付を受ける権利を設定します。また、収益不動産に関しては、第三者に賃貸したことによる賃料から給付を受ける権利を設定します。その他、Aや妻Bの生活費や療養費を賄うために、信託されている金銭から給付を受ける権利も設定します。

（エ）第二次受益者

　相談者A（委託者兼当初（第一次）受益者）が死亡した場合の第二次受益者として、妻B及び長女Cを指定します。

　妻Bには、第二次受益者として、信託されている金銭から給付を受ける権利の他、信託財産となった自宅不動産を生活の本拠として使用する権利、自宅不動産が処分された場合にはその代価から給付を受ける権利、収益不動産

を第三者に賃貸したことによる賃料から給付を受ける権利を認めます。長女Cには、信託されている金銭から給付を受ける権利の他、収益不動産を第三者に賃貸したことによる賃料から給付を受ける権利を認めることにします。

　また、複数の受益者が同一の受益権を有する場合には、各受益者の受益権割合を決めておく必要があります。本事例では、受益権として、信託金銭から給付を受ける権利及び収益不動産を第三者に賃貸したことによる賃料から給付を受ける権利を妻Bと長女Cがともに有しているため、例えば、信託金銭から給付を受ける権利については、妻Bと長女Cが2分の1ずつ、収益不動産を第三者に賃貸したことによる賃料から給付を受ける権利については、妻Bには3分の1、長女Cには3分の2の受益権割合を認めることにします。

（オ）残余財産受益者

　本信託の目的は、相談者Aと妻Bの存命中には、Aと妻Bに自宅不動産を使用することを認め、収益不動産から生じる収益により、Aと妻Bに安心かつ安全な生活を送ってもらうことですが、A及び妻Bが亡くなったときには、長女Cに信託財産を承継させることも目的としています。そのため、信託が終了した際に、残余財産の給付を受ける者（残余財産受益者）として、長女Cを指定することになります（信託法182条1項1号）。

　また、妻Bよりも先に長女Cが死亡した場合には、長女Cを残余財産受益者とする指定は無効となり、残余財産受益者の指定に関する定めがなかったことになります（信託法182条2項参照）。そのような場合に備えて、長女Cに代わって残余財産受益者となる者を指定しておくことが適切です。仮に、長女Cに子（相談者Aからみて孫）がいる場合には、予備的に、その者を残余財産受益者として指定することなどが考えられます。

イ　任意後見

　任意後見では、相談者Aと妻Bがそれぞれ委任者となり、長女Cが任意後見受任者になります。

（2） 法律行為

ア　民事信託

　本事例のようなケースでは、相談者Aを委託者、長女Cを受託者として、Aと長女Cとの間で信託契約（信託法2条2項1号、3条1号）を締結することが一般的です。

　このように信託契約により信託を設定する場合には、相談者Aの生前、その判断能力があるうちに、A自身を当初（第一次）受益者として信託の効力を生じさせ、受託者が信託財産の管理を開始し、信託の運用を軌道に乗せることができます。

イ　任意後見

　任意後見に関しては、相談者Aと妻Bがそれぞれ長女Cとの間で任意後見契約を締結します（任意後見契約に関する法律2条1号）。この場合、Aと長女Cとの間、妻Bと長女Cとの間の2つの任意後見契約を締結することになります。任意後見契約は、公正証書によってしなければならないとされています（同法3条）。

（3） 対象財産

ア　民事信託

（ア）不動産

　信託の効力が発生した際には、委託者である相談者Aから受託者に、信託財産である自宅不動産（土地及び建物）及び収益不動産（土地及び建物）の所有権を移転します。

　不動産については信託の登記をしなければ、信託財産であることを第三者に対抗することができず、また、信託の登記をすることが受託者に義務付けられています（信託法14条、34条1項1号、34条2項）。

　信託不動産の登記手続きについては、信託を原因とした所有権移転登記（不動産登記法59条以下）及び信託の登記（同法97条以下）のいずれの登記手続

きも行う必要があります。このうち信託を原因とした所有権移転登記は、委託者と受託者との共同申請が必要ですが（同法60条）、他方、信託の登記は受託者の単独申請で行うことができます（同法98条2項、3項）。

（イ）金銭

受託者が不動産を管理するには、建物の修繕費用や固定資産税の支払いのために、ある程度の金銭が必要になります。そのため、受託者に不動産を管理させることを内容とする信託を設定する際には、同時に、受託者に一定程度の金銭も信託することが適切です。信託された金銭を、受託者は金銭のまま管理することも、預金して管理することもあり得ます。

金銭または預金債権については、信託財産であることを公示しなくとも、信託財産であることを第三者に対抗することができます。

信託法では、金銭または預金債権の分別管理の方法として、受託者に、その計算を明らかにする方法しか要求していません（信託法34条1項2号ロ）。しかし、受託者に信託財産の適切な管理を求めるためには、信託行為によって、受託者に対し、金銭に関しては受託者の固有財産と外形上区別できる方法、預金債権に関しては信託預金の専用口座（いわゆる信託口口座）を開設する方法を義務付けることが望ましいと考えられます[1,2]。

金融機関における信託口口座の取扱いについては、実務的な運用は定まっていません。信託口口座の開設の可否や開設の条件については、金融機関によって対応が異なっています。信託口口座の開設を希望している金融機関に、信託口口座の開設の可否や開設する場合の条件について、信託契約書を完成させる前に問い合わせをしてください[3]。

（ウ）債務

本事例では、相談者Aには、金融機関からの借入金が4,000万円あります。

1　日本弁護士連合会の「民事信託業務に関するガイドライン」（2022（令和4）年12月16日）では、民事信託において信託財産に属する金銭を預貯金で管理する際には、信託口口座を開設しなければならないとしています（「Ⅱ　民事信託業務を行う際の留意点　第8　信託口口座の開設」）。
2　信託口口座に関わる法的な整理や問題点などについては、日本弁護士連合会の「信託口口座開設等に関するガイドライン」を参照してください。
3　東京地判令和3年9月17日家庭の法と裁判35号134頁〔28293649〕では、信託契約書の案文の作成業務を受任した専門職が、事前に金融機関に口座開設の可否を問い合わせずに信託契約公正証書を作成したところ、結果的に、信託口口座の開設及び信託内融資を受けることができず、情報提供義務及びリスク説明義務違反を理由に不法行為責任が認定されました。

この債務のために、自宅不動産や収益不動産に抵当権が設定されていることが通常です。相談者Aと金融機関との間の金銭消費貸借契約では、債権者である金融機関の承諾なく担保不動産を譲渡することは禁止されています。ところで、信託の設定も法的には委託者から受託者への信託財産の譲渡に該当するため、被担保不動産を信託する際には、金融機関の承諾を得る必要があります。そのため、A及び長女Cは、金融機関に対し被担保不動産を信託することを説明し、その承諾を得るようにしなければなりません。

　金融機関の承諾が得られた場合には、被担保不動産を信託することができますが、その際に、金融機関より、委託者である相談者Aの既存債務を受託者である長女Cが民法上の債務引受を行うことを求められることが通常です（民法470条以下）。金融機関としては、債権保全の観点から、被担保不動産の所有者と債務者を同一人としておきたいと考えるからです。

　また、受託者が引き受けた債務を信託に組み入れる（つまり、当該債務を受託者が信託財産に属する財産をもって履行する責任を負う債務とする）には、信託行為において、当該債務を信託財産責任負担債務とする旨の定めをすることが必要になります（信託法21条1項3号）。

　受託者が併存的債務引受とするか（民法470条以下）、免責的債務引受とするか（民法472条以下）は、債権者である金融機関の意向によって決まります。民事信託の場合には、併存的債務引受と免責的債務引受のいずれもあり得ます。

イ　任意後見

　任意後見では、相談者Aの金融資産2,000万円のうち、A及び妻Bの身上保護に必要な額の金銭を任意後見人が管理することになります。民事信託と任意後見を併用する場合には、任意後見人には、身上保護に力を入れることが期待されているため、財産管理に関しては負担が生じないよう、身上保護に必要な範囲で財産の管理を任せるようにすることが望ましいと考えられます[4]。

4　なお、信託することができない財産（例えば、農地や地主が譲渡承諾しない借地権など）がある場合には、それらの財産の管理は任意後見人に任せることが必要になってきます。

　なお、本事例では、民事信託の受託者と任意後見人がともに長女Ｃである
ため、いずれにしても長女Ｃに身上保護及び財産の管理に負担が掛かること
になりますが、民事信託と任意後見を併用する際の対象財産の仕分けについ
ては、上記のとおり考えることになります。

（4）　終了時期

ア　民事信託

（ア）信託期間または信託の終了事由

　本事例においては、相談者Ａと妻Ｂの存命中には、Ａと妻Ｂが安心かつ安
全な生活を送ることとともに、Ａと妻Ｂが亡くなった際には、長女Ｃに信託
財産を承継させることがＡの希望です。そのため、信託期間は、本信託契約
時からＡ及び妻Ｂが亡くなるまでになります。

　信託条項において、信託期間として規定する方法もありますが、一般的に
は、信託の終了事由として規定します（信託法163条９号）。

（イ）信託の清算の要否

　信託では、信託が終了した場合には清算を行わなければならないことにな
っています（信託法175条）。信託が終了すると、清算受託者が①現務を結了
し、②信託財産に属する債権の取立て及び信託債権にかかる債務の弁済を行
い、③受益債権にかかる債務の弁済を行った後に、最後に、④残余財産の給
付を行います（信託法177条）。

　しかし、信託スキームの関係当事者全員の合意があれば、このような信託
法が想定しているところと異なる処理の仕方も認められています[5]。実務で
は、信託終了時に受託者に信託財産責任負担債務としての借入れがある場合
には、信託スキームの関係当事者全員（受託者、帰属権利者、残余財産受益者、
その他の死亡した受益者の相続人、債権者である金融機関など）が合意すること
によって、積極財産である信託財産及び消極財産である信託財産責任負担債
務を特定の帰属権利者または残余財産受益者に承継させるということが行わ

5　寺本昌広『逐条解説新しい信託法〈補訂版〉』商事法務（2008年）376頁注

れています。

　本事例では、信託の終了事由が発生した後に金融機関と上記内容の合意をして、残余財産受益者である長女Cが積極財産である自宅不動産、収益不動産及び金銭の給付を受けるとともに、信託財産責任負担債務を固有債務として承継することになります。

イ　任意後見

　任意後見契約は、①本人または任意後見人の死亡、②本人または任意後見人が破産手続開始の決定を受けたこと、③任意後見人が後見開始の審判を受けたことにより終了します（民法653条）。本事例では相談者A及び妻Bが亡くなると、それぞれの任意後見契約は終了することになります。

（5）　その他

ア　民事信託
（ア）信託目的

　信託目的は、受託者が信託事務を行う際のガイドラインになるばかりではなく、受託者が行う信託事務がその権限内の行為かどうかの判断基準にもなります（信託法26条参照）。そのため、信託契約には信託目的を必ず記載するとともに、できる限り具体的に規定することが望ましいと考えられます。

　前述のとおり、本信託の目的は、相談者Aと妻Bの存命中には、Aと妻Bに自宅不動産を使用することを認め、収益不動産の収益により、Aと妻Bに安心かつ安全な生活を送ってもらうこと及びA及び妻Bの死後には、長女Cに信託財産を承継させることの2つになります。

（イ）受託者の権限

　受託者は、信託財産の所有者として、①信託財産を管理する行為、②信託財産を処分する行為、③信託財産に関する権利を取得する行為、④債務を負担する行為、⑤信託財産に関する訴訟を追行する行為など信託の目的の達成のために必要な行為をする権限を有しています（信託法26条本文）。

　本事例では、収益不動産に関し、前述のとおり、受託者である長女Cが受

益者の生活や療養のために管理または処分することが信託目的になっているので、その収益不動産の大規模修繕のために借入れを行う権限や信託不動産に担保権を設定する権限を有していると考えられます。そのため、信託契約書に受託者の借入権限や担保権設定権限が明記されていなくとも、信託目的との関係で、法的には受託者に借入権限や担保権設定権限が認められることになります。

　しかし、受託者に対して融資を行う金融機関としては、融資を行った後に、受託者に借入権限や担保権設定権限がなかったとされると大きな不利益を受けることになります。そこで、金融機関は、信託契約書に受託者の借入権限や担保権設定権限の明記を求めてきます。この場合、信託契約書への受託者の借入権限や担保権設定権限の明記は、受託者がそれらの権限を有することを確認するために行われていると理解することになります[6]。

（ウ）信託監督人または受益者代理人の選任

　信託法においては、原則として、受益者が受託者を監視・監督する権限を有しており（信託法92条に列挙されている権利）、この受益者の権限は信託行為によっても制限することはできないとされています（同条）。

　このように、信託法は、受益者が受託者を監視・監督することを想定していますが、受益者が年少者、高齢者や障がい者である場合には、受益者の受託者に対する監視・監督権限を適切に行使することは期待できません。

　そこで、受益者による受託者に対する監視・監督権限の行使が期待できない場合には、受託者を監督する役割を有する信託監督人または受益者代理人を選任することが相当です（信託法131条以下、138条以下）。

　本信託においても、高齢である相談者Aや妻Bが受託者を十分に監督することができないと考えられるため、信託監督人または受益者代理人を選任することが適切です。この信託監督人または受益者代理人には、信託制度について知識を有している弁護士などの専門職を選任することが望ましいと思われます[7]。

6　受託者が借入れを行う場合には、この受託者の権限の明記以外にも、金融機関が要望する各種の独自条項を信託契約書に追加することを求められます。

7　日本弁護士連合会の「民事信託業務に関するガイドライン」（2022（令和4）年12月16日）では、民事信託を利用する場合には、原則として、信託監督人または受益者代理人の監督機関を設置することを求め、その監督機関には信託契約書の案文を作成した弁護士が就任することが望ましいとしています（「Ⅱ　民事信託業務を行う際の留意点　第10　弁護士による継続的な関与」）。

イ　任意後見

（ア）　民事信託の受託者と任意後見人の兼任

本事例では、長女Cが民事信託の受託者と任意後見人を兼ねていますが、そもそも、そのような兼任が認められるでしょうか。

この点、任意後見人は受益者の代理人として受託者を監督する役割を担うことが期待されることから、本来は、民事信託の受託者と任意後見人は別人であることが望ましいと考えられます。

しかし、実務では、家族の中で、民事信託の受託者や任意後見人を担うことができる人材も多くないことが現実です。また、民事信託の受託者と任意後見人の兼任を禁止する法律もありません。民事信託の受託者と任意後見人を同一人が兼任する場合の問題は、受託者に対する監督が行えないという点が重要であり、そうであれば、受託者を監督するため、別途、信託監督人または受益者代理人を活用することによって、その弊害を取り除くことも可能となります。

そこで、実務では、信託監督人などを活用し、民事信託の受託者に対する監督を十分に行う体制を整えられるのであれば、受託者と任意後見人が同一人であることを許容できると考えられています。

（イ）　代理権目録

次に、民事信託と任意後見を併用する場合の留意点としては、任意後見人に受益者を代理する権限を認める場合には、任意後見契約において、任意後見人に適切な代理権を付与しておくことが必要になります。また、任意後見人に委託者を代理することも認めたい場合には、委託者を代理する権限も認めておく必要があります[8]。

また、別段の定めなどを利用し、信託法上、デフォルトでは予定されていない権利を信託契約により規定する場合には、本人の意思及び代理権の存在を対外的に示すため、個別具体的に代理権目録に記載しておくことが必要との指摘もあるので、留意が必要です[9]。

8　例えば、任意後見人に委託者と受益者の合意による受託者の解任権（信託法58条1項）や信託終了権（同法164条1項）を与えておきたい場合には、任意後見人には、受益者を代理する権限のみならず、委託者を代理する権限も付与しておく必要があります。

9　木村仁「信託の委託者の権利と後見人による代理行使について―アメリカの撤回可能信託を中心に―」法と政治70巻1号（2019年）66頁

③　税務解説

　本スキームの信託期間中の課税関係については「事例①高齢者のための財産管理等　3　税務解説」、並びに消費税課税については「事例⑦一般社団法人を活用した不動産賃貸事業の承継」を参照してください。この事例においては、「（1）信託財産責任負担債務と債務控除」「（2）空き家の譲渡所得の特別控除」を解説します。

（1）　信託財産責任負担債務と債務控除

　相続税において、相続人または包括受遺者が被相続人の債務で相続開始の際に現に存するものを引き継いだ場合、その者の負担に属する部分をその被相続人から相続または遺贈により取得した財産の価額から控除して相続税の課税価格として相続税を計算することとされています（相続税法13条）。例えば、相続人ＸがＡ不動産3,000万円とそれにかかる債務4,000万円、その他資産5,000万円を取得した場合、債務控除できるのは債務とひも付きの3,000万円ではなく、その他資産5,000万円を合わせた8,000万円と4,000万円を比較し、資産の方が大きいから4,000万円を控除し相続税の課税価格は4,000万円となります。しかし、相続人ＸがＡ不動産と債務、相続人Ｙがその他資産を取得した場合、負債4,000万円はＸの取得したＡ不動産3,000万円を限度としてしか差し引くことができず、Ｂは5,000万円の財産を取得したものとして相続税を計算します。

　この債務控除の適用ですが、相続税法９条の２第６項において、「第１項から第３項までの規定により贈与又は遺贈により取得したものとみなされる信託に関する権利又は利益を取得した者は、当該信託の信託財産に属する資産及び負債を取得し、又は承継したものとみなして、この法律（第41条第２項を除く。）の規定を適用する。」と定められているから、信託期間中に受益者となった者が前受益者の相続人である場合は、債務を承継したものとみなされ、信託財産責任債務が相続時に生じている場合は、原則的には、債務控

除が認められるのではないかと考えられます。

　しかし、信託終了時においては、議論があります。なぜならば相続税法9条の2第6項において信託終了時の取扱いを定めた第4項が含められていないからです。

　残余財産受益者や帰属権利者が、前受益者から引き継いだ部分に相当する債務について、債務控除ができないのではないかという意見があります。信託法においては、清算時に信託財産も債務も現状のまま帰属権利者等に引き継がれるということが前提ではないことからこのような条文構造になったのかもしれません。

　したがって、Cが信託財産責任債務を引き継いだときの債務控除の適用に関しては、リスクがあり、その対応としてBの死亡により信託を終了させないという信託契約にすることも考えられます。

　現実的には信託の終了により帰属権利者等が財産も負債も現状のまま引き継ぐことが前提の信託契約もあり、実態をみれば、相続による債務の引継ぎと変わらない場合は債務控除を否定すべきではないと考えます。

（2）　空き家の譲渡所得の特別控除

　相続人が相続または遺贈により被相続人の一定の居住用不動産で相続後空き家になったものを取得し、一定の期間内に条件を満たして売却した場合は、譲渡所得の金額から最高3,000万円を控除することができる制度（租特法35条3項）（以下「空き家控除」という）があります。耐震化されていない家屋は地震等による災害リスクが多いことから相続を契機として、耐震リフォームをするか、家屋を取り壊して譲渡をすることを促す政策です。要件が多く使い勝手が悪いという問題点もあったことから、取り壊しに関しては、売主が負担する場合だけでなく、2024（令和6）年1月1日以後の譲渡については、買主が翌年の2月15日までに取り壊し費用等を負担した場合も認められるように2023（令和5）年度に改正されました。

　しかし、信託を利用した居宅が、受益者Bの死亡により残余財産受益者であるCが取得し、譲渡した場合に空き家控除の適用があるかについては課税

リスクがあると考えます。令和4年12月20日付け国税庁東京国税局文書回答があり、親の居住用不動産を子どもが受託者として信託し、信託終了後に帰属権利者である受託者であった子どもとその弟が居住用不動産を売却することについて空き家控除の適用があるか事前照会をしましたが、当局は、空き家控除の適用は難しいと回答しました。根拠として空き家控除の条文においては、信託も適用がある旨が定められていないこと、また信託は、相続や遺贈と法的には異なるものであり、受託者（照会者）は信託の当事者ですが、信託の当事者でない帰属権利者（弟）は財産の取得を放棄できることから、被相続人の居住用家屋等の適正管理の責任を負う相続人の相続または遺贈と同様に取扱うことはできないからと考えます。条文に規定されず、法律上相続または遺贈と異なることは同意できますが、帰属権利者の権利放棄を理由としたところには疑問があります。

　本件においては、帰属権利者ではなく残余財産受益者であり、文書回答とは異なる事例ですが、現段階では、法律で信託の適用が定められていないことから課税リスクがあり慎重に対応すべきと考えます。

④　契約条項例

　ここでは、本信託においてポイントとなる条項例を示します。基本となる信託契約書例は本書78頁を参照してください。

第○条　（信託財産責任負担債務）

１．受託者は、別紙債務目録記載の委託者の債務を引き受ける。

２．委託者及び受託者は、本契約締結後、直ちに、別紙債務目録記載の債務について、免責的債務引受のために必要な手続きを行う。

３．別紙債務目録記載の債務は、信託財産責任負担債務とする。

債務目録

貸金債務　信託財産目録記載１（自宅不動産）及び２（収益不動産）の不動産に設定された抵当権（令和○年○月○日受付第○号）によって担

保される貸金債務

第○条　（受託者の権限）

　受託者は、受託者として借入れを行う権限及び信託財産に属する不動産に担保権を設定する権限その他の信託の目的の達成のために必要な行為をする権限を有する。

第○条　（受益者）

１．本信託の当初受益者は、委託者Ａとする。

２．前項の当初受益者が死亡したとき、同人の有する受益権は消滅する。

３．前項の場合には、第二次受益者として配偶者Ｂ及び長女Ｃが、以下のとおり、新たな受益権を取得する。

　　配偶者Ｂ　　①　信託財産目録記載１の不動産（自宅不動産）にかかる受益権

　　　　　　　　②　信託財産目録記載２の不動産（収益不動産）にかかる受益権のうち３分の１の割合

　　　　　　　　③　信託財産に属する金銭にかかる受益権のうち２分の１の割合

　　長女Ｃ　　　①　信託財産目録記載２の不動産（収益不動産）にかかる受益権のうち３分の２の割合

　　　　　　　　②　信託財産に属する金銭にかかる受益権のうち２分の１の割合

第○条　（信託の終了事由）

１．本信託は、当初受益者Ａ及び第二次受益者Ｂの死亡後、６か月が経過することにより終了する。

２．前項の規定にかかわらず、第二次受益者であるＣが信託終了の意思表示を行ったときには、本信託は終了する。

第○条　（残余財産等の承継）

　信託の終了にあたって、残余財産受益者は、信託法175条以下の規定にかかわらず、信託財産に属する財産及び信託財産責任負担債務を現状のまま承継することができる。

任意後見契約の代理権目録例

【任意後見人に受益者を代理する権限を認める場合】

　信託契約に基づく受益者の権利行使に関する事項

【任意後見人に委託者を代理する権限を認める場合】

　信託契約に基づく委託者の権利行使に関する事項

（伊庭潔・菅野真美）

不動産（収益物件の管理）で借入債務が発生するケース

《事　例》

　私Ａ（70歳）は、これまでは健康で、今後の財産管理についても自信があったのですが、最近体調が悪化してきましたので、将来の財産管理や相続について、今のうちに対策をしておきたいと考えています。私は、自宅に隣接する広い土地を所有していますので、相続税対策及び老後の生活費等にあてるために、その土地を担保にして金融機関から金銭を借りて、賃貸アパートを建ててはどうかと考えています。アパートを建てたり、その後の管理運営をしたりするのは、私の後継者として事業を引き継いでくれている子Ｃ（45歳）に委ねたいと考えています。私Ａには妻Ｂ（70歳）と、事業を引き継いでくれた子Ｃと、子Ｄ（40歳）がいますので、私Ａと妻Ｂが死亡するまでは、子Ｃに賃貸アパートなどの財産管理を、賃貸アパートの建設や大修繕を含めて、委ねたいと考えています。私Ａと妻Ｂが死亡しましたら、財産管理をしてくれた子Ｃにやや多くの財産を取得させつつ、子Ｄにも不公平感が生じないように配慮しながら財産を取得させたいと考えています。このような場合に信託を活用する方法があると聞いたのですが、どのような方法になるのでしょうか。

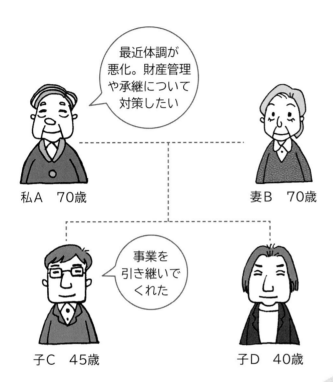

《信託スキーム例》

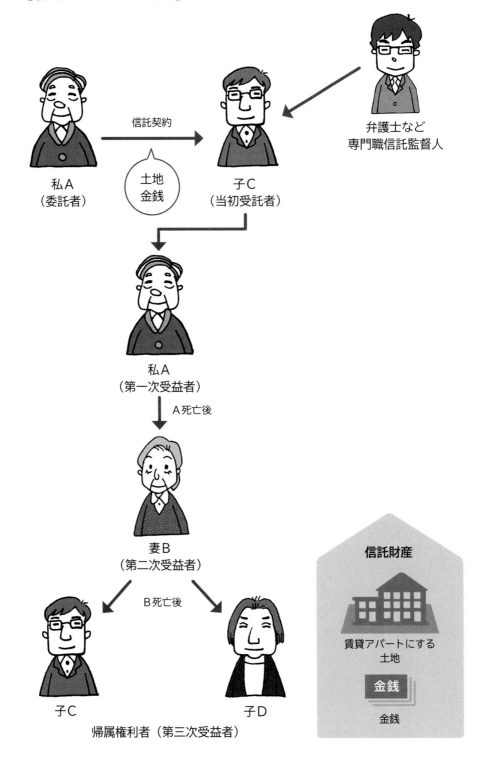

信託契約

私A
（委託者）

土地
金銭

子C
（当初受託者）

弁護士など
専門職信託監督人

私A
（第一次受益者）

A死亡後

妻B
（第二次受益者）

B死亡後

子C　　　　　　　　　　子D

帰属権利者（第三次受益者）

信託財産

賃貸アパートにする
土地

金銭

金銭

この事例のように、ご高齢の方が、相続税対策や、老後の生活費等にあてるために、その所有地に賃貸アパートを建てる方法が考えられます。

　しかし、賃貸アパートを建ててその経営を軌道に乗せるためには、時間が掛かりますし、労力の負担はそれなりに重いものとなります。そこで、アパートを建てたり、建設資金の借入れのための金融機関との連絡・交渉や事務手続きを行ったりすることを、子に委ねる方法が考えられます。子としても、相続税の節税や長期的な資産運用につながりますから、アパートを建ててその管理運営をすることは、親の財産の管理運用というだけでなく、将来の承継においてもメリットがあるものといえます。

　この事例では、相談者Aさんが委託者兼受益者、子Cさんを受託者、賃貸アパートを建てる予定の土地と金銭を信託財産とする信託を設定することとして、AさんとCさんの信託契約締結により信託の効力が生じることとします。

　公正証書による信託契約締結により子Cさんが受託者として信託財産となる土地及び金銭の管理を開始し、相談者Aさんが死亡するまではAさんを受益者とし、Aさんが死亡した時点で、Aさんの妻Bさんが第二次受益者となるという受益者連続型の信託スキームとする方法が考えられます。

　本件のように相談者Aさんに子Cさんと子Dさんがいる場合には、Cさんが受託者としての事務を遂行できなくなった場合に備えて、Dさんを第二次受託者・後継受託者と定めておくことが考えられます。

　他方で、受託者となる子Cさんの信託事務を監督するために、信託組成に関わった弁護士等の専門職を信託監督人とすることも考えられます。

　相談者Aさんとその妻Bさんの死亡により、信託が終了することとし、子Cさんと子Dさんを帰属権利者とすることが考えられます。帰属権利者とする子Cさんと子Dさんへの財産の承継において、子Cさんの貢献を考慮して子Cさんへの配分を多くすることも考えられます。

　他方で、相談者Aさんとその妻Bさんの死亡では信託は終了しないこととし、第三次受益者を子Cさんと子Dさんとして、信託を用いた財産管理を続けることも考えられます。

1 信託を使うメリット

① 相談者Aのための財産管理について、**Aに判断能力があるうちに、Aの判断に基づいて、受託者による**管理を開始することができます。

② 相談者Aの判断に基づいて、Aの財産のうちの受託者による管理を開始したい財産について（Aの財産の任意の一部について）、受託者による財産管理を開始することができます。

③ 賃貸アパートの建設・経営や借入れのための金融機関との連絡・調整・交渉のように、高齢となった相談者Aにとっては事務が複雑であったり、**ある程度の期間を要し建設前にAの判断能力が低下してしまうといった事態が懸念されたりする場合でも、**信託を活用することで、子Bによる建設・経営や借入れ・返済について、時間を十分にかけて進めることが可能になります。

④ 妻Bの将来の生活や医療・介護のために、**相談者Aが、その判断能力のあるうちに、**財産管理の仕組みを作ることができます（財産管理・活用）。

⑤ 家族・親族の状況に応じて、**相談者Aの意向に沿って柔軟に、子C及び子Dを含めた**遺産承継の仕組みを作ることができます（管理から承継へ）。

⑥ 相談者Aの死後だけでなく、その**妻Bの死後のAからの財産の承継**について、Aがあらかじめ決めることができます（承継）。

⑦ 相談者Aの判断能力低下がない場合（**成年後見制度を使うことができない場合**）でも、信託ならば財産管理に利用することができます（財産管理）。

法務解説

（1） 当事者

　この事例では、相談者である親Aが委託者となり、財産管理を委ねる相手となる子Cを受託者とします。AC間の信託契約による信託設定時には、親Aが当初（第一次）受益者（委託者兼受益者）となり、親Aの死亡時には、Aの妻Bを第二次受益者とする受益者連続型の信託とする方法をとります。

　自然人である受託者Cが親A及びBよりも前に死亡したり、病気等で財産管理ができなかったりする場合に備えて、相談者Aの子Dを第二次受託者（後継受託者）として定めることが考えられます。

　受託者Cによる財産管理を監督するために、信託組成に関与する弁護士等の専門職が信託監督人になることが望ましいと考えられます。相談者Aが弁護士等の専門職が信託監督人になることによる費用負担を懸念する場合には、相談者Aの子Dを信託監督人としつつ、弁護士等の専門職が継続的に関与するようにして、適切に財産管理及び承継がなされるようにすることも考えられます。もっとも、子Dを信託監督人とする場合には、子Dが第二次受託者として事務を行うこととなった場合や病気等で信託監督人としての事務を行うことができなくなった場合に備えて、第二次の信託監督人を定めておくべきことになります。

　妻Bの死亡時については、信託を終了させて、子C及び子Dが残余財産の帰属権利者となることが考えられます。

　または、妻Bの死亡時には信託を終了させずに、子C及び子Dを第三次受益者として信託を継続させ、子Cによる財産管理を継続する方法も考えられます。妻Bの死亡時にも受益者連続として信託を終了させない方法をとることによって、後述の相続税の債務控除（相続税法13条1項）の適用を受けることができる可能性が高まるのではないかという実務上の工夫がなされています。

（2） 信託行為

　相談者である親Ａと、その子Ｂとの間で、委託者及び受託者間での信託契約により信託を設定します。信託法上は信託契約を公正証書で作成することを要件とはしていませんが、金融機関での信託口口座開設には、実務的に、公正証書による信託契約書の作成が要件とされているのが一般的ですので、信託契約書を公正証書にて作成することが一般的です。

　信託設定及びその効力発生により、親Ａの判断能力があるうちに、親Ａを委託者兼当初（第一次）受益者として信託の効力を生じさせ受託者Ｃによる財産管理を開始し軌道にのせることが可能となります。

　受託者Ｃには、賃貸アパートの建設やその維持管理・大規模修繕のための借入れを行うことができる権限と、その借入れを被担保債権とする抵当権・根抵当権を設定する権限があることを信託契約において規定します。受託者が金融機関から借入れを行う場合、その借入れについては、信託財産責任負担債務として、信託財産から弁済することができる債務とします。信託財産責任負担債務として受託者が借入れを行った場合に、信託財産だけでなく、借入れを行う受託者の固有財産も責任財産となることに注意する必要があります。

　なお、賃貸アパート経営を子に委ねる形の信託スキームにおいては、実務的には、この事例とは異なり、親は賃貸アパートの経営・経理や税務処理に長年関わっているが、子はそのような経験がないという場合が少なくありません。そのような場合には、親が子に賃貸アパートに関する事務の承継をしながら信託を組成し財産管理を委ねていく実務的な進行も想定されます。

（3） 信託財産

　信託財産としては、賃貸アパートを建てる土地と、受託者Ｃによる信託事務としての賃貸アパート建設・経営に当面必要となる金銭とすることが考えられます。賃貸アパートの賃貸が開始し、賃料収入が入った場合に、その賃料収入が信託財産となることも信託契約書に定めます。

不動産を信託財産とする本事例の場合には、管轄の法務局にて土地の所有権移転及び信託登記の手続きの申請を委託者Ａ及び受託者Ｃが共同で行います。実務的には、信託設定前にＡ及びＣが登記手続きを委任する予定の司法書士に、信託契約書の条項・内容を、登記手続きの観点から検討・確認するよう依頼することが望ましいといえます。

　金銭については、この事例では、受託者の財産と分別して管理するために（信託法34条）、金融機関にて信託口の預貯金口座を開設して管理することになると考えられます。金融機関での信託口口座開設については、金融機関ごとに開設の条件・手続きやキャッシュカード利用の可否などの取扱いが異なりますので、信託契約作成前に、信託口口座を開設しようとする金融機関との間で連絡・確認を要することになります。特に、この事例では、受託者Ｃが賃貸アパート建設のための資金を信託内で金融機関から借り入れることを想定しています。通常は、融資する金融機関と信託口口座を開設する金融機関とは同一となりますので、融資の可否及び条件についても、金融機関との間で十分に話し合って確認する必要があります。金融機関から、信託内借入れの条件として、信託の変更や終了についての金融機関の同意に関する条項を信託契約に設けるよう要求されることなどが想定されます。

　司法書士が信託組成に関与する場合における情報提供やリスク説明の義務に関する裁判例として、東京地判令和３年９月17日金融・商事判例1640号40頁〔28293649〕があります。この裁判例では、信託組成に関与した司法書士は、依頼者に対し、信義則に基づき、金融機関における信託口口座開設及び信託内借入れの状況等の情報収集・調査等を行ったうえで情報を提供するとともに、信託口口座の開設や信託内借入れを受けることができないリスクが存することを説明すべき義務を負っていたとしました。そのうえで、関与した司法書士が、情報提供義務及びリスク説明義務に違反したことは不法行為を構成するとして、司法書士に損害賠償を命じました。信託組成に関与する専門職としては、依頼者に対し、情報提供や説明の義務を負っていることに留意しなければなりません。

（4） 信託監督人

　この事例では、受託者Cが、賃貸アパートを建設しその経営を軌道にのせて賃料等を信託財産に加え、受益者に給付するという事務を継続的に行うこととなりますが、その事務を監督するために、信託監督人を設けることが望ましいといえます。信託監督人の担い手については、信託組成に関与した弁護士等の専門職が望ましいといえます。委託者としては、信託の効力発生後に信託監督人に対する報酬等の経済的負担が発生することを懸念して、専門職の信託監督人を設けないことも考えられますが、その場合には、信託組成に関与した弁護士等が継続的に関与しつつ、信託監督人としては、委託者Aの子Dとすることも考えられます。

（5） 受益者への給付

　受託者Cは、受益者の生活費や医療介護費にあてるために、受領した賃料などの信託財産から受益者に金銭の給付をすることが想定されます。この事例での受託者Cによる受益者への給付については、月額などの定額の給付の定めを置くことにより、受託者の裁量の範囲を狭めることも考えられます。他方で、受益者への給付額については、受益者の生活費や医療介護費の変動に応じて、柔軟に対応することができるよう、受託者の裁量の幅を広くすることも考えられます。専門職の信託監督人を設けて、受託者が給付する金額を限定することによって将来の受託者の取り分を多くしようとする事態を避ける策が講じられているのであれば、定額とするよりも、受託者の裁量の幅を広くするという選択肢をとりやすくなると考えられます。

③ 税務解説

　本スキームの信託期間中の課税関係については「事例①高齢者のための財産管理等　3　税務解説」を参照してください。この事例においては、「（1）賃貸アパートの評価とマンションの評価通達の改正、財産評価基本通

達第１章６項（総則６項）による更正」「（２）信託期間中のアパートローンの債務控除」「（３）相続開始３年以内の賃貸用不動産の取得と小規模宅地等の特例」について記載します。

（１）　賃貸アパートの評価とマンションの評価通達の改正、財産評価基本通達第１章６項（総則６項）による更正

　賃貸アパートの土地の相続税評価は、建物も土地も同じ所有者である場合は、貸家建付地の評価として、自用地の評価額から減額することができます（財基通26）。この場合の土地の相続税の評価額は、その土地が路線価のついている土地に面している場合は路線価に地積を乗ずることによって、原則的には算定することになります（財基通13）。また、建物については、建物の固定資産税評価額から借家権割合部分を減額して評価します（財基通93）。

　令和５年９月28日付課評２－74ほか１課共同「居住用の区分所有財産の評価について」（マンションの評価通達）により居住用の区分所有財産の評価方法は2024（令和６）年１月１日以後の相続または遺贈から改正されます。これは、タワーマンションのような高層マンションの場合には、各室の敷地持分が各室の床面積よりも著しく狭いことから、現状の路線価による宅地を評価した場合、マンション１室の時価と比較して著しく低い結果となり、それを利用した節税策なども流行り問題となったからと考えます。評価の算式は、区分所有権（建物部分）の価額（家屋の固定資産税評価額×1.0×区分所有補正率）＋敷地利用権の価額（敷地全体の価額×共有持分（敷地権割合）×区分所有補正率）となり、今まで、時価と比較して著しく評価額が低かったマンションについては、時価の６割程度まで評価額が上昇すると思われます。

　この改正の適用となるのは、区分所有法の適用のある宅地に限られます。ですから、Aが賃貸用アパートについて、区分所有法の適用がない場合は、上記通達の適用はありません。

　なお、2022（令和４）年４月19日、最高裁判所は、債務控除を適用したことにより相続税が極端に減少した事案において、相続した不動産の評価額を、財産評価基本通達に基づかず鑑定評価額で行った更正処分が適法であると判示していることから、賃貸用の信託不動産についても同様の課税処分が

行われる可能性はあります（最判令和４年４月19日民集76巻４号411頁〔28300941〕）。

（2） 信託期間中のアパートローンの債務控除

　相続人は、相続開始の時から、被相続人の財産に属した一切の権利義務を承継する（民法896条）ことができることから、相続税法においては、相続または遺贈（包括遺贈及び被相続人からの相続人に対する遺贈に限る）により財産を取得した者の課税価格は、財産の価額から負担した一定の債務を控除して計算することになります（相続税法13条１項）。この債務には、被相続人の債務で相続開始の際現に存するもの（公租公課を含む）や、被相続人にかかる葬式費用が含まれます。

　受託者が設定した信託財産責任負担債務について、前受益者の死亡を起因として受益者が変更になった場合で、次受益者が前受益者の相続人の場合、前受益者の相続税の計算において、債務控除ができるかどうかという議論があります。相続税法９条の２第６項において、「第１項から第３項までの規定により贈与又は遺贈により取得したものとみなされる信託に関する権利又は利益を取得した者は、当該信託の信託財産に属する資産及び負債を取得し、又は承継したものとみなして、この法律（第41条第２項を除く。）の規定を適用する。」と定められています。第１項から第３項とは信託期間中であり、負債を承継したものとみなして、相続税法の規定を適用すると定められていることから、前受益者Ａの配偶者であるＢが、Ａの死亡により受益者となった場合は、債務控除は可能と考えられます。

　ただし、実態によっては、信託財産責任負担債務の債務控除が否認されるケースもあると考えます。信託終了時の信託財産責任負担債務の債務控除については「事例４民事信託と任意後見の併用　３　税務解説（1）信託財産責任負担債務と債務控除」を参照してください。

（3） 相続開始3年以内の賃貸用不動産の取得と小規模宅地等の特例

　相続開始の直前において被相続人等の賃貸の用に供された宅地等については、被相続人の親族が相続または遺贈により取得し、相続税の申告期限まで、事業を継続し、保有し続けた場合は、最高200m²まで宅地の価額を50％減額することができます（租特法69条の4第3項4号）。しかし、相続開始3年以内に新たに貸付事業の用に供された宅地等は、原則的には、小規模宅地の特例を適用できません（同号）。

　なお、小規模宅地等の減額の適用の有無については　「事例⑦一般社団法人を活用した不動産賃貸事業の承継　3　税務解説（1）不動産賃貸業を事業的規模で営んでいる場合の留意点」を参照してください。

　信託財産について信託期間中は、上記の適用が認められます（租特令40条の2第27項）。

　この事例について、Aは、広い土地を所有しており、それを信託して、賃貸アパートを建てて収益を得ようと考えています。この賃貸アパートの事業の用に供した日から3年以内にAの相続があった場合、おそらくAはこの他に賃貸アパート等の経営をしていたとは考えられないことから、信託期間中においても小規模宅地の減額の適用を受けることはできません。なお、この3年以内かどうかは、賃貸契約締結日から計算することになると考えられます。

　なお、信託終了時の小規模宅地の減額の適用の留意点については「事例③配偶者の自宅を確保するための信託　3　税務解説（2）　妻Bの相続発生時（信託終了時）相続税額の加算と小規模宅地等の特例」を参照してください。

④　契約条項例

第1条　（信託目的）

　本契約の信託目的は、以下のとおりである。

　委託者A（以下「委託者」という。）の別紙信託財産目録記載の財産（以下「信託財産」という。）を受託者C（以下「当初受託者」という。）または第〇条

に定める後継受託者（以下、当初受託者と後継受託者とをあわせて「受託者」という。）が管理または処分することにより

（1） 当初受益者A及び第二次受益者Bが安心かつ安定した生活を送れるようにすること。

（2） 帰属権利者C及び帰属権利者Dが財産を承継すること。

（第二次受益者Bの死亡時にも受益者連続として第三次受益者をC及びDとする場合には、以下の信託目的の定めとすることが考えられます。

委託者A（以下「委託者」という。）の別紙信託財産目録記載の財産（以下「信託財産」という。）を受託者C（以下「当初受託者」という。）または第〇条に定める後継受託者（以下、当初受託者と後継受託者とをあわせて「受託者」という。）が管理または処分することにより受益者が安心かつ安定した生活を送れるようにすること。）

第2条 （信託契約・追加信託）

　委託者は、本契約の締結の日に、前条の目的に基づき、別紙信託財産目録記載の信託財産を当初受託者に信託し、当初受託者はこれを引き受けた（以下、本契約に基づく信託を「本信託」という。）。委託者は、受託者と合意し、本信託に信託財産を追加することができる。

第3条 （信託財産—信託不動産）

1．委託者の有する別紙信託財産目録記載2の不動産（以下「信託不動産」という。）の所有権は、本日、受託者に移転する。

2．委託者及び受託者は、本契約後、直ちに、信託不動産について本信託を原因とする所有権移転の登記を申請する。

3．受託者は、前項の登記申請と同時に、信託の登記を申請する。

4．前2項の登記に要する費用は、受託者が信託財産から支出する。

第4条 （信託不動産の瑕疵（契約不適合））

　受託者が、本信託の期間中及び本信託終了後、信託不動産の瑕疵に関して

固有財産から支出したとき、及び信託不動産の瑕疵により生じた損害の責任を負い第三者に賠償したときは、委託者に対して求償することができる。

第5条　（信託財産―金銭）

1．委託者は、本契約締結後、速やかに別紙信託財産目録記載1の金〇万円を受託者に引き渡すものとする。

2．受託者は、前項の金員を第〇条に定める区分に応じて分別管理しなければならない。

第6条　（委託者）

1．本信託の委託者は、A（住所：〇、生年月日：〇）である。

2．委託者の地位は、委託者の死亡により受益権を取得する者に移転する。

3．前項の規定にかかわらず、信託法上の委託者の権利は委託者の死亡により消滅する。

第7条　（受託者）

　本信託の受託者は、委託者の子C（住所：〇、生年月日：〇）である（以下、この者を「当初受託者」という。）。

第8条　（受託者の任務の終了及び後継受託者）

1．当初受託者について次の事由が生じたときは、当初受託者の任務は終了する。

（1）　当初受託者が死亡したとき。

（2）　当初受託者について後見または保佐開始の審判がされたとき。

（3）　当初受託者について補助開始の審判がされたとき。

（4）　当初受託者を委任者とする任意後見契約について、任意後見監督人が選任されたとき。

（5）　前各号に定める他、信託法の規定により受託者の任務が終了したとき。

2．当初受託者の任務が終了したときは、委託者の子D（住所：〇、生年月

日：〇）が本信託の受託者となる（以下、この者を「後継受託者」という。）。

3．当初受託者は、本信託の信託財産及び信託事務を円滑に引き継ぐことを考慮し、第1項第3号及び第4号の事由が生ずる前の適切な時期に受託者の任務を辞任し、前項の後継受託者へ信託財産及び信託事務を引き継ぐように努めるものとする。

第9条　（受託者の信託事務）

受託者（当初受託者及び後継受託者をいう。以下同じ。）は、次の信託事務を行う。

（1）　信託財産目録記載2の信託不動産を、管理または処分すること。

（2）　信託目的を達成するために金融機関から信託財産責任負担債務として借入れを行うこと、並びに、その借入金及び信託財産を用いて信託不動産上に建物を建設し信託財産とすること。

（3）　前項の借入れのために信託不動産及び信託不動産上に建設された建物に担保権を設定すること。

（4）　信託財産目録記載2の信託不動産及び信託不動産上に建設された建物を第三者に賃貸し、当該第三者から賃料等を収受すること。

（5）　第1号及び第4号により受領した売却代金及び賃料等を管理し、受益者の生活費、医療費または介護費用等にあてるために支出すること。

（6）　信託財産に属する金銭を管理し、受益者の生活費、医療費または介護費用等にあてるために支出すること。

（7）　その他信託の目的を達成するために必要な信託事務を行うこと。

第10条　（信託事務の処理の第三者への委託）

受託者は、信託財産目録記載2の不動産の管理を第三者に委託することができる。

第11条　（帳簿等の作成等、報告及び保存の義務）

1．本信託の計算期間は、毎年1月1日から同年12月31日までとする。ただし、第1期の計算期間は、信託開始日から令和〇年12月31日までとする。

２．受託者は、信託事務に関する計算並びに信託財産に属する財産及び信託財産責任負担債務の状況を明らかにするため、信託財産にかかる帳簿その他の書類または電磁的記録を作成しなければならない。

３．前項の帳簿等については、以下のとおりとする。

（１）　信託不動産については、直近の状況が記載された全部事項証明書

（２）　信託財産に属する金銭で、銀行預金として管理されているものについては、当該金銭を保管する銀行預金口座の通帳ないしはそれに代わる書面または電磁的記録。ただし、それぞれの入出金について、その相手方及び入出金の事由について付記をしなければならない。

（３）　信託財産に属する金銭で、現金として保管されているものは、金銭出納帳（書面または電磁的記録）

４．受託者は、第２項の帳簿等に基づき、第１項の計算期間に対応する信託財産目録及び収支計算書を当該計算期間が満了した月の翌月末までに作成しなければならない。

５．受託者は、前項記載の信託財産目録及び収支計算書の内容について、受益者に報告しなければならない。

６．受託者は、第２項に基づき作成した帳簿等は作成の日から10年間、第４項に基づき作成した信託財産目録及び収支計算書は信託の清算の結了の日までの間、保存しなければならない。

第12条　（善管注意義務）

　受託者は、信託財産の管理、処分その他の信託事務について善良な管理者の注意をもって処理しなければならない。

第13条　（分別管理義務）

　受託者は、信託財産に属する金銭及び預貯金と受託者の固有財産とを、以下の各号に定める方法により、分別して管理しなければならない。

（１）　金銭

　　信託財産に属する財産と受託者の固有財産とを外形上区別することができる状態で保管する方法

（2） 預貯金

　　信託財産に属する預金専用の口座を開設し当該口座で管理する方法

第14条　（信託費用の償還）

１．受託者は、信託事務処理にかかる費用を、直接、信託財産から償還を受けることができる。

２．受託者は、信託財産から、信託事務処理に要する費用の前払いを受けることができる。

第15条　（信託報酬）

　　受託者は、無報酬とする。

第16条　（受益者）

１．本信託の当初受益者は、委託者Aとする。

２．当初受益者が死亡したとき、同人の有する受益権は消滅する。

３．前項の場合には、第二次受益者Bが新たな受益権を取得する。

　（子C及び子Dを第三次受益者とする場合には、その旨を規定する。）

第17条　（受益権の譲渡等）

　　本信託の受益権は、受益者と受託者との合意がない限り、第三者に譲渡し、または質入れその他担保設定等することはできない。

第18条　（受益権）

　　受益者は、受益権として以下の内容の権利（以下「受益債権」という。）及びこれを確保するために信託法の規定に基づいて受託者その他の者に対し一定の行為を求めることができる権利を有する。

　（1）　信託財産目録記載2の信託不動産及び信託不動産上に建設された建物を第三者に賃貸したことによる賃料から給付を受ける権利

　（2）　信託財産が処分された場合には、その代価から給付を受ける権利

　（3）　信託財産目録記載1の金銭及び受託者が本信託のために開設した預

金から給付を受ける権利

【専門職を信託監督人とする場合】

第19条　（信託監督人）

１．次の者を、信託監督人として指定する。

　　　住所

　　　氏名

　　　職業

２．信託監督人は、受益者及び受託者の同意を得て辞任することができる。

３．信託監督人の報酬は、以下のとおりとする。

　　事務処理１時間当たり　○万○千円（消費税込み）

【信託監督人を子Ｄとする場合】

第19条　（信託監督人）

１．本信託の信託監督人は、委託者の子Ｄ（住所：○、生年月日：○）とする。

２．前項により信託監督人に指定された者が第８条第２項の規定により本信託の受託者となった場合には、本信託の信託監督人を○（住所：○、生年月日：○）とする。

３．第１項により信託監督人に指定された者について、第８条１項各号の事由が生じた場合も前項と同様とする。

４．信託監督人の事務は、無報酬とする。

第20条　（信託の変更）

　信託法149条１項から３項の規定に代えて、信託の目的に反しないこと及び受益者の利益に適合することが明らかであるときに限り、受託者は、信託監督人の同意を得て、書面または電磁的記録による意思表示により信託を変更することができる。

第21条　（信託の開始及び終了）

１．本信託は、本契約の締結日を信託開始日とする。

２．本信託は、以下の各号に該当する事由が生じたときは終了する。

（１）　信託の目的を達成したときまたは信託の目的を達成することができ
なくなったとき。

（２）　当初受益者及び第二次受益者のいずれもが死亡したとき。

（第三次受益者を定める場合には、第三次受益者を加筆する。）

（３）　その他信託法の定める信託終了事由に該当するとき。

第22条　（帰属権利者等）

１．本信託が前条第２項第２号の定めにより終了したときの残余財産の帰属
すべき者を、以下のとおり指定する。

（１）　信託財産については、委託者の子Ｃ及び子Ｄを帰属権利者として指
定し、子Ｃが３分の２、子Ｄが３分の１の割合で取得する。

２．本信託が前条第２項第１号または第３号の定めにより本信託が終了した
ときの残余財産の帰属すべき者として、本信託終了時の受益者を指定す
る。

第23条　（管轄裁判所）

本信託及び本契約に定める権利義務に関して争いが生じた場合には、○地
方裁判所を第一審の専属的合意管轄裁判所とする。

信託財産目録

1．金銭

金〇万円

2．不動産

土地

所　　在	〇市〇一丁目
地　　番	〇番〇
地　　目	宅地
地　　積	〇m^2

以上

（戸田智彦・菅野真美）

6

事業承継信託

《事 例》

　私Ａ（75歳）は、青果販売業を営む株式会社甲のオーナー経営者です。都心の自宅兼甲社の店舗の土地建物は私の個人所有で、甲社の店舗は私から甲社が賃借しています。

　甲社の発行済株式は10,000株で、100％が私Ａの所有です。

　私Ａは、妻には先立たれており、子どもは青果販売業を継いでくれている長男Ｂ（50歳）がおり、その妻と３人の孫と同居しています。

　Ｂの他に、嫁に出た娘である、長女Ｃ・二女Ｄ・三女Ｅがいます。娘たちは亡くなった妻が甘やかして育ててしまい、なにかと親をあてにするところがあります。

　甲社の経営は順調で、会社名義の預金が１億5,000万円ほどありますが、私個人の資産は自宅兼店舗の不動産と甲社の株式以外にはさしたるものはありません。

　甲社の経営はＢに、その先は孫に継がせるつもりですが、私が亡くなったときに、Ｃ・Ｄ・Ｅが遺産を要求してきて、甲社及びそのＢによる経営に支障が生じることが心配です。

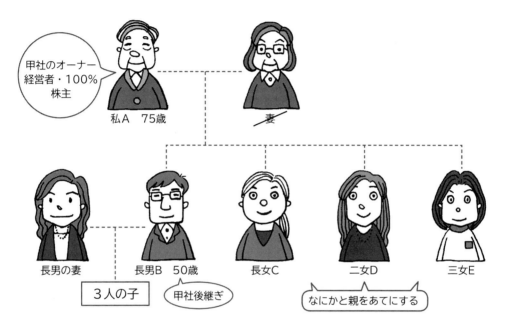

甲社のオーナー
経営者・100%
株主

私A　75歳

妻

長男の妻

長男B　50歳

長女C

二女D

三女E

3人の子

甲社後継ぎ

なにかと親をあてにする

Aさんの資産

自宅兼株式会社甲の
店舗の土地建物

株式

甲社の全株式

《信託スキーム例》

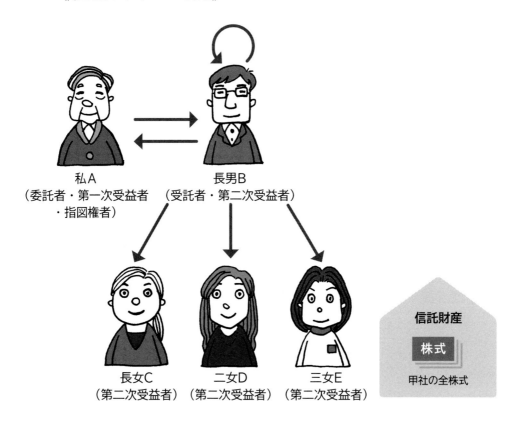

私A
（委託者・第一次受益者
・指図権者）

長男B
（受託者・第二次受益者）

長女C
（第二次受益者）

二女D
（第二次受益者）

三女E
（第二次受益者）

信託財産

株式

甲社の全株式

　ご質問の件では、まず甲社の経営を長男Bさんが安定して継続するために
は、Bさんが単独で甲社の意思決定をできるようにしておくことが望ましい
といえます。そのためには相談者Aさんが保有している甲社の株式を甲社の
意思決定に必要なだけBさんに相続させる遺言を作成することが考えられま
すが、娘であるCさん・Dさん・Eさん3人の遺留分は合計して8分の3
（37.5％）ありますので、遺留分侵害額請求をされると定款変更等の株主総
会の特別決議が必要な重要な会社法上の意思決定を単独ですることができま
せん。

　遺留分制度については、2018（平成30）年改正・2019年7月1日施行
の民法改正により遺留分権者からの金銭請求権に改められましたが、株式の
帰属自体は遺言書どおりとなったとしても、自社株式の評価が高額になる場

合は、長男Bさんは高額の遺留分侵害額請求をされることとなり、その支払いに窮することとなりかねません。

　他の財産をCさんらに相続させて遺留分侵害額を減らそうにも、この事例では、自宅兼甲社店舗の不動産も、長男Bさん家族の暮らしと甲社の運営のために必要ですから、Cさんらに相続させて遺留分を満足させる財産がありません。

　この問題を解決するために、甲社の株式を長男Bさんに信託し、受益者としてはBさん以外の相続人も加えてCさんらにも株式からの受益を分配しつつ、株式の議決権行使は受託者であるBさんが行うこととすることが考えられます。

　これとあわせて、長男Bさんの自宅使用の権利の確保、甲社の店舗使用権利の確保も行っておくことがBさんの生活及び甲社の安定した継続的な経営のために望ましいといえます。

1　信託を使うメリット

①　株式自体を相続させると、Ｃらも株主となり、株主総会での議決権行使が認められますが、**株式を信託して受託者Ｂが株主になっていれば議決権はＢが行使する**ことになり、甲社の安定的運営を図ることができます。

②　受託者であるＢは受益者である総株主のために議決権を行使するものであり、受託者としての善管注意義務と忠実義務を果たさなければならないことは無論ですが、**会社経営についての経験等がないＣらの意見に振り回されることは避けられます。**

③　現時点でＡが経営判断をＢに全て委ねても差し支えないと判断するのであれば、Ｂへの信託により経営判断を直ちにＢに委ねることもできますが、まだ時期尚早と感じるのであれば、株式をＢに信託しつつ、**議決権行使についての指図権をＡが保有して、甲社の運営についての判断権をＡに残すこともできます。**

2　法務解説

（1）　当事者

ア　委託者

　この事例では、現在の甲社の株主である相談者Ａが委託者となります。

　相談者Ａは、自らの有する甲社の株式を、受託者に移転します。

　株式の譲渡ですので、仮に甲社の定款で株式に譲渡制限が付されていた場合（会社法2条17号）は、受託者への信託について、会社の承認が必要となります。

イ　受託者

　相談者Ａの長男であり、甲社の代表者としてＡの後継者となるＢを受託者

とします。

　長男Ｂは、相談者Ａの保有する甲社の株式を受託し、甲社の株主となるので、甲社の株主総会で議決権を行使するのは長男Ｂとなります。もっとも、Ｂはあくまでも信託契約における受託者として株主となっている者ですから、受託者として株主となっている株式についてＢ自らの利益のために議決権を行使するのではなく、信託の目的に従って議決権を行使しなければなりません。

　相談者Ａがすぐに長男Ｂに全面的な意思決定を委ねるべきでないと考えているような場合は、長男Ｂに対する議決権行使の指図権をＡに与え、しかるべき時期までＡの意思決定により甲社を運営することとすることもできます。

ウ　受益者

　贈与税の課税が生じないように、委託者Ａの存命中は受益者はＡとすべきです。Ａの死亡後は、Ａの有していた受益権は消滅し、新たに長男Ｂ・長女Ｃ・二女Ｄ・三女Ｅを受益者とします。この段階の受益権の割合は、Ｃ・Ｄ・Ｅの遺留分に配慮し、Ｃ・Ｄ・Ｅについてはそれぞれ最低８分の１、Ｂがその残余とします。不動産その他の財産についての相続もあわせ考えてＣ・Ｄ・Ｅの遺留分を侵害しないように気を付けます。

　なお、相談者Ａの受益権をＡの死亡段階で消滅させ、新たにＢ・Ｃ・Ｄ・Ｅに受益権を発生させるという遺言代用信託の形の他、Ａの有していた受益権をＡの遺言でＢ・Ｃ・Ｄ・Ｅに分配するという方法も考えられます。ただし、その場合は、Ａが後に遺言を書き換え、当初予定していた分配割合が変更される可能性が残ります。実務的には、高齢となった親の判断能力がやや低下したところで（シンプルな遺言をする遺言能力がある段階で）、子らが相続争いの前哨戦のように親に有利な遺言を書かせようと働きかけるといった事案もありますので（親の面倒をみるという口実で囲い込んでしまう事案さえあります）、親の判断能力が十分にある段階で、親の判断で、子による財産管理を開始し、承継についても定めておくことは、子らによる争いを回避することにもつながる可能性があります。

（2） 信託行為

相談者Ａと長男Ｂの信託契約の締結によります。

相談者Ａの死後に長男Ｂが甲社の株主権を統一的に行使するという面だけをみれば、Ａの遺言により信託を設定する方法も考えられますが、信託を活用するのであれば、Ａの高齢化による株主権行使の困難にも同時に備えるため、Ａの生前から受託者Ｂによる管理を始める方が望ましいでしょう。

また、相談者Ａの死亡後に突然に長男Ｂが後継者として活動することになるより、Ａの生前から長男Ｂにも経験を積ませ、また、娘Ｃらや社外に対しても、長男Ｂを後継者として認知させる方が、円滑な事業承継を実現できると思われます。

（3） 信託財産

信託財産は、委託者Ａの有する甲社の株式全部とします。

なお、自宅兼甲社の店舗である不動産（敷地及び建物）も、信託財産とすることも考えられます。

これらについては、現段階で借家契約を締結し、自宅部分の長男Ｂの賃借権・店舗部分の甲社の賃借権を成立させておけば、賃料の支払いを怠らない限り長男Ｂ・甲社の建物使用は継続できますが、相談者Ａの遺言により長男Ｂ・長女Ｃ・二女Ｄ・三女Ｅの共有とした場合、娘Ｃらが共有持分権を第三者に譲渡したり、共有物分割請求権が行使され、価額弁償で長男Ｂが持分権を取得できなければ競売分割となる可能性が残ります。

このような事態を危惧するのであれば、不動産も信託財産として、賃料を受ける権利である受益権を娘Ｃらにもたせる方法も検討すべきでしょう。

なお、不動産も信託財産とする場合は、長男Ｂが相談者Ａから賃借している居住部分も信託財産とすると、その部分については長男Ｂは信託財産の借家人となり、受託者としての賃貸人との地位が併存し、利益相反となるおそれがあります。

しかし、信託契約前に相談者Ａ・長男Ｂ間で賃貸借契約を締結し、相当な

賃料額を設定しておけば、実質的に忠実義務に反するとはいえない場合もあると思われますので、その場合は、信託法31条2項1号の定めを信託契約に盛り込んで対処することが考えられます。この信託法31条2項1号では、信託契約などの「信託行為に当該行為をすることを許容する旨の定めがあるとき」には、同条1項各号に定める利益相反行為（例えば同項1号の「信託財産に属する財産（略）を固有財産に帰属させ、または固有財産に属する財産（略）を信託財産に帰属させること。」）を受託者が行うことができると定めています。

とはいうものの、事情変更により借賃増減額請求をしなければならない場合など、建物賃貸借について将来的に利益相反となることも考えられますので、特に長男B居住部分については、遺言で長男Bに取得させることを基本として、全体のバランスを検討すべきでしょう。

本事例においては、複雑になるので不動産については信託財産としないこととして以下検討します。

（4） 信託期間

本事例においては、少なくとも相談者Aの死亡後まで信託は継続する必要があります。

長男Bの次の事業承継まで見越せるか、見越すべきかはわかりませんが、相談者A→長男Bの承継のみでも信託法91条の規定する受益者連続信託に該当するので、Aが信託契約後30年を超えて存命し、その後長男B・長女C・二女D・三女Eが受益権を取得したときには、これらのうち最後に死亡する者が死亡するまでというのが信託期間の上限となります。本事例では、Aが75歳、長男Bが50歳とされているので、この上限まで信託を続ける必要はないでしょう。

さりとて、一定期間で信託が終了することとしてよいかは一考を要します。

本事例は、相談者Aの資産にC・D・Eらの遺留分権者に取得させることができる資産が乏しいことが信託活用の必要性を生み出していますが、いずれは長男Bにおいて甲社の支配権を完全にとりまとめるべく、受益権や甲社

株式を買い取っていく必要があります。それに要する期間は現段階では予測が困難です。

　そうすると、本事例では信託自体の存続期間は特に定めず、信託法の画する期間の範囲内で長男Bによる受益権ないしは甲社株式のとりまとめを可能とする規定を検討するに留めるべきと考えられます。

（5）　その他

ア　委託者Aの指図権

　今信託契約をしても、受託者である長男Bに全面的な甲社運営上の意思決定権を委ねることが難しいのであれば、受託者Bに対する議決権行使の指図権を委託者Aにもたせることも考えられます。ただし、この場合は、加齢等によりAが指図権を適切に行使できなくなる場合も考えられるので、目標期限を定めて何年か後に指図権は消滅するとするか、一定の客観的な判断基準を定めて指図権を消滅させるようにすべきです。

イ　受益権の買取請求権

　本事例では長男Bによる甲社経営の意思決定の安定を図るために株式を受益権化し、受託者Bによる議決権の統一的行使を実現することとしましたが、（4）で触れたとおりこの状態を永久に続けることはできません。また、C・D・Eが抱く可能性のある不満を放置したままにすることは、甲社の安定的な事業継続にはマイナスとなるおそれがあります。

　本事例は、そもそもC・D・Eには遺留分があるのに、それを現実に主張されると甲社の運営上支障を来すということから信託の活用に至っているので、C・D・Eが本来有した遺留分権の経済的補償は、可及的速やかになすべきところです。

　しかし、C・D・Eにおいて、受益権を任意に長男Bに有償譲渡するかどうかはわかりません。

　そこで、本信託の受益権には、一定条件を満たす場合、他の受益権者が買取請求ができるように受益権の内容を規定し、長男Bによる買取りを可能と

するようにすることが考えられます。

　いまだ試案の域を出ませんが、会社株式自体に種類株を活用する以外に、このような仕組みも検討するに値すると考えます。

　なお、この観点での対処については、むしろ甲社の定款等を見直し、C・D・Eが相続する株式の回収によるべき場合との比較検討をすべきことに注意をすべきでしょう。

③ 税務解説

（1）　信託設定時

　この事例は株式を主たる信託財産とする信託ですので株式について解説します。

　株式と他の財産を信託した場合の大きな違いは、普通株式には株主総会の議決権があることです。株主総会の議決権は、受託者が行使しますが、誰の意向に基づく指図で受託者が行使するかを信託契約で定めることができます。一般的な株式には配当（剰余金）の分配を受ける権利、会社が清算したときに残余財産分配を受ける権利、株主総会で議決権の行使をする権利の3つの権利が含まれていますが、信託をすることによりこの3つの権利を分解して、別々の人が権利を受けることができるようになります。

　相談者Aが甲社株式を受託者に信託し、当初の受益者はAとします。信託設定の前後で、実質的な甲社株式の利益の享受者がAと考えられるため、信託設定時点で課税関係は生じません（所基通13－5（1））。

（2）　相談者A死亡時の信託財産である甲社株式の評価額

　相談者Aが死亡した時点で、受益者は、仮にB・C・D・Eとします。B・C・D・Eは受益権を取得することになりますが、Aから遺贈により受益権を取得したものとみなして相続税が課されることになります（相続税法9条の2第2項）。相続税は取得した財産の価額に基づいて評価することにな

ります（同条6項）。信託財産が甲社株式であることから甲社株式の相続税評価額に基づきます。甲社のように株式が公開市場で売買されていない株式は取引相場のない株式といい、取得者が経営を担う一族の一定のメンバーか否かで評価方法が異なります。

　甲社は、Aが株式を100％所有していることから同族会社であり、相続により受益権割合Bが62.5％でC・D・E各12.5％の受益者となったことから、Aが所有していた甲社株式をBが62.5％、C・D・Eが12.5％引き継いだものと考えます。B・C・D・Eは兄弟・姉妹関係であり、B・C・D・Eの甲社の議決権割合が合計で25％以上であることから、B・C・D・Eは甲社にとって中心的同族株主に該当すると考えます（財基通188）。この場合は、会社の資産価額、取引金額、従業員数に応じ、純資産価額や類似業種比準価額に基づいて算定されることになると考えます（財基通178、179）。

　無議決権株式を相続により取得した場合、無議決権株式については5％減額できますが、他の同族株主が取得した株式について減額部分を加算して評価しなければならない旨の文書回答事例「相続等により取得した種類株式の評価について（照会）」（平成19・02・07中庁第1号）がありますが、信託財産については同様の取扱いはなされていないと考えます。

（3）　Bが、C・D・Eから受益権を買い取ったとき

　C・D・Eの有する受益権を長男Bが買い取った場合、C・D・Eについて譲渡所得が生じます。この場合、買取価格から取得費や譲渡費用を差し引いて所得を計算します。取得費は、相続による取得であることから相談者Aの甲社株式の取得価額を引き継いで計算します（所得税法60条1項1号）。受益権の譲渡ですが所得税法では非上場株式の譲渡とみなします（租特通37の10・37の11共－21）。そして、非上場株式の譲渡所得は上場株式の譲渡所得や他の所得と分離して、所得税等（税率20.315％）が課されることになります（租特法37条の10）。

　相続税の申告期限から3年以内に、長男BがC・D・Eから受益権を買い取った場合、譲渡所得の計算上、相談者Aの相続時に納付した相続税のうち

譲渡した受益権に相当する株式に対応する部分の税額を取得費に加算して譲渡所得を計算することができます（租特法39条）。

　なお、同族会社のオーナー一族の兄弟間売買のような場合における非上場株式の税務上適正な時価は、純資産価額については含み益についての法人税額控除等を認めない等、通常は相続税評価額よりも高額な価額となります（所基通59－6、23〜35共－9）。

（4）　相続により取得した自社株の発行会社への譲渡とみなし配当課税の特例

　個人が、所有する非上場会社の株式（自社株）を発行会社に譲渡した場合は、譲渡価額のうち資本金等の金額を超える部分についてはみなし配当として超過累進税率で課税されます。しかし、相続または遺贈により財産を取得した個人で相続税の納税額のある者が、相続税の申告期限から3年以内に相続により取得した自社株を発行会社に譲渡した場合は、資本等の金額を超える部分についてみなし配当を行わず、非上場株式の譲渡所得として課税され（租特法9条の7）、納付した相続税のうち発行会社に譲渡した株式に対応する部分の税額を取得費に加算することもできます（租特法39条）。

　このみなし配当課税の特例や取得費加算の特例は条文上、相続税法による相続または遺贈による財産の取得とみなされるものを含む、と定められていることから、信託財産であった自社株の発行会社への譲渡も適用できます（国税庁HP質疑応答事例「被相続人の死亡により信託の受益者となった相続人が、信託の終了に伴い信託財産であった非上場株式を取得してその発行会社に譲渡した場合における租税特別措置法第9条の7及び第39条の適用の可否」（https://www.nta.go.jp/law/shitsugi/joto/20/05.htm）2023年12月22日閲覧）。

　なお、信託期間中の配当所得については、「事例⑧遺留分に配慮するため、信託を活用し株式の自益権と共益権を柔軟に分ける方法　3　税務解説」を参照してください。

4　契約条項例

　以上を踏まえた信託財産を甲社株式に限定した場合の信託契約として、以下のような条項が考えられます。

　A（以下「委託者」という。）及びB（以下「当初受託者」という。）は、以下のとおり委託者の第2条に規定する財産を対象とし、当初受益者をA、A死亡時からの受益者を以下に定める者とする信託契約を締結する。

第1条　（信託目的）

　本信託は、次条記載の信託財産を管理しその他本信託目的の達成のために必要な行為をして委託者兼当初受益者A及び第二次受益者Bらに対し、信託財産から得られる残余財産分配金その他の金員による給付を行い、委託者Aにおける信託財産管理の負担を軽減し、受益者らにおける信託財産からの利益の享受を確保するとともに、当該利益を生む甲社の安定的な経営を実現することを目的とする。

第2条　（信託財産）

1．委託者は、当初受託者に対し、次の財産を信託財産として信託し、当初受託者はこれを引き受けた。
【信託財産の表示】　甲社普通株式　10,000株
2．当初受託者は、本契約後速やかに、甲社に対して前項の信託による株式の譲渡の承認を請求するとともに、承認後直ちに甲社に対して、株主名簿に信託財産の表示をすることを請求する。

第3条　（受託者）

1．本信託の当初受託者は、Bとする。
2．当初受託者が死亡し、または認知症等により判断能力を失うなどして受託者としての任務を遂行できない場合には、Bがあらかじめ文書で指定す

る者が、第二次受託者となる。

3．前項の判断能力の喪失についての判定は、医師2名以上の診断を得て行うものとする。

第4条　（善管注意義務等）

　受託者は、信託事務を処理するにあたっては、本信託の目的に従い、善良な管理者の注意をもって、その事務を処理する。

第5条　（信託事務）

1．受託者は、以下の信託事務を行う。

（1）　本件信託財産である甲社株式を管理すること。

（2）　本件信託財産である甲社株式について、株主総会での議決権の行使その他株主としての権利を適切に行使すること。

（3）　本件信託財産である甲社株式について、甲社が行う残余財産の分配を受領すること。なお、本信託の目的に適う場合には、受託者は、甲社株式を甲社その他の第三者に売却し代金を受益者に交付することができる。

（4）　第3号により受領した金員を、受益者に交付すること。

（5）　その他本信託の目的を達成するために必要な事務を行うこと。

2．受託者は、信託財産に属する金銭、預金その他の財産を受託者の固有財産とは分別して管理しなければならない。

第6条　（Aの指図権）

　前条第1項第2号の株主権の行使については、Aが80歳に達するまでの間は、Aの指図に基づきこれを行使するものとする。ただし、Aが死亡したときまたは認知症等により判断能力を失うなどして適切な指図をできない場合（この判定については、第3条第3項を準用する。）は、この限りでない。

第7条　（受益者）

1．本信託の当初受益者はAである。

２．Ａが死亡した場合は、Ａの受益権は消滅し、Ａの子であるＢ・Ｃ・Ｄ・

　　Ｅ（これらのうちＡと同時またはＡより以前に死亡した者があるときは、その者

　　に代えて、それらの者にかかるＡの相続について代襲相続人となるべきそれらの

　　者の卑属とする。以下同じ。）が、次のとおりの割合で受益権を取得する。

　（１）　Ｃ、ＤまたはＥについては、Ａの相続についてのそれらの者の法定

　　　　相続分の２分の１に相当する割合

　（２）　Ｂについては、全体から他の者についての第１号による割合を控除

　　　　した割合

第８条　（委託者の地位）

　委託者Ａが死亡した場合、委託者の権利は消滅し、委託者の地位は相続人

に承継されないものとする。

第９条　（信託の変更等）

１．本信託は、委託者、受託者及び受益者（委託者が死亡した後は、受託者及

　　び受益者）の合意により、変更し、終了させることができる。

２．本信託の受託者を変更するには、受託者の同意を必要とする。

第10条　（受益権の譲渡・買取り）

１．本信託の受益権は、他の受益者全員の承諾を得なければ本信託の受益者

　　以外の者へ譲渡することができない。

２．本信託の受益権の２分の１を超える受益権を有する受益者（複数の受益者

　　の受益権の割合を合計して２分の１を超える場合を含む。）は、他の受益者に対

　　し、その受益者の有する受益権の全部または一部譲渡を請求することがで

　　きる。

３．前項の譲渡の請求において、受益権の評価は、当該受益権の割合に相当

　　する甲社株式の評価額とする。

４．第２項の譲渡の請求において、当該請求をした受益者が当該請求を受け

　　た受益者に対し前項の評価額に相当する金員の支払いの提供を行った場合

　　は、当該請求にかかる受益権は当該請求をした受益者に移転するものとす

る。

第11条　（残余財産の帰属）

１．本信託が終了したときは、そのときにおける受益者を残余財産の給付を
受けるべき受益者とする。

２．清算受託者は、信託財産である甲社株式を、現状のまま残余財産の給付
を受けるべき受益者に取得させ、甲社に対して必要な手続きをとる。

第12条　（管轄裁判所）

本信託及び本契約に定める権利義務に関して争いが生じた場合には、〇地
方裁判所を第一審の専属的合意管轄裁判所とする。

年　　月　　日

委託者

住所

氏名

受託者

住所

氏名

（伊東大祐・菅野真美・戸田智彦改訂）

7

一般社団法人を活用した不動産賃貸事業の承継

《事　例》

　私A（85歳）は、賃貸アパートを8棟、200台収容の貸駐車場、老朽化した貸家5軒などを所有している不動産オーナーです。

　家族関係は、妻B（80歳）、長男C（58歳）、長女D（53歳）、二女E（48歳）がおり、長女D・二女Eはすでに他に嫁いでおります。

　長男Cには妻Fと3人の子、長女D・二女Eのところにもそれぞれ2人の子がいます。

　長男C・長女D・二女Eは仲がよく、代々の不動産は基本的に長男Cに引き継いで賃貸経営を続けてほしいと思っていますが、長女D・二女Eもそれに不満はありませんし、案外と大変な不動産経営の実情も知っているので、娘たちはそれを担う立場になるつもりはないようです。

　最近心配なのは、私Aと妻Bが高齢となってきたことです。

　私Aはさすがに若いときほどの気力もなくなり、また、ときおりもの忘れも生じてきており、今後亡くなって長男Cに賃貸経営を引き継ぐまでしっかり事業を続けられるか不安になってきました。

　妻Bは残念ながらすでに中等度の認知症になっており、いずれはどこかの老人ホームで2人で余生を過ごしたいと思っています。

　今のうちから後継ぎの長男Cに賃貸経営を任せて、しっかりと運営してもらうよい方法はないでしょうか。

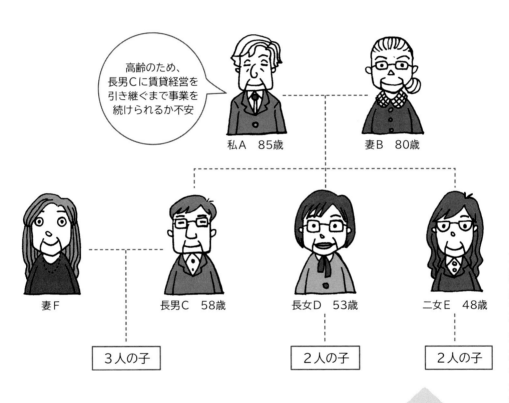

《信託スキーム例》

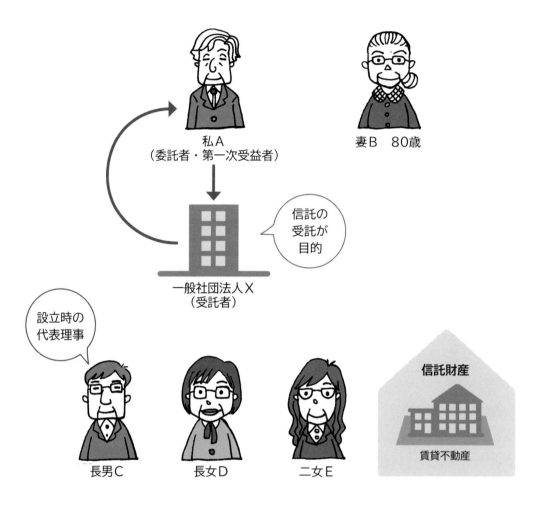

私A
（委託者・第一次受益者）

妻B　80歳

信託の
受託が
目的

一般社団法人X
（受託者）

設立時の
代表理事

長男C

長女D

二女E

信託財産

賃貸不動産

　ご質問の件では、相談者Aさんの財産管理能力の低下の問題を解決するために信託を活用することが考えられます。

　賃貸不動産を長男Cさんに信託し、受託者となったCさんが管理運用します。

　ただし、物件が多数に及び、受託者の長男Cさんが事故にあうなどの不測の事態が生じると信託による管理にも不都合が生じるおそれもあります。そのような場合に対処するために、信託の受託を目的とする一般社団法人Xを設立したうえで、AさんとXとの信託契約により、Xに受託させることにします。信託財産については、賃貸不動産の他に、賃貸不動産の管理のために

必要な金銭とします。

　受益者は当初は相談者Aさんとし、Aさんの没後の受益者については、妻Bさんの認知症の状況や、いずれ生じるBさんの死亡に伴う二次相続の見通し、長女Dさん・二女Eさんの意向等を踏まえて検討することにします。

　長女Dさん・二女Eさんは、長男Cさんが不動産経営を引き継いでいくことには賛成のようですが、相談者Aさんの相続に伴い、なにかしらの権利は認めるべきでしょう。それについて信託の受益権を一定範囲で与えるか、法人Xの理事等に就任させて報酬を支払う等によるかも検討が必要です。

1 信託を使うメリット

（1） 成年後見制度の限界

　この事例において、相談者Aがまだ契約が締結できる段階で信託を行っておかなかった場合、Aが認知症になり自ら財産管理ができなくなると、Aについて成年後見制度を活用する他に財産を管理する方法がありません。

　しかし、家庭裁判所の監督する法定後見制度の場合、財産の安全な保全が第一に優先されます。その結果、アパートの建て替えや老朽化した貸家の建て替え、場合によっては売却といった、積極的な資産運用はなかなか認められない可能性があります。

　また、相談者Aのように多額の資産を有する方については、家庭裁判所が選任する後見人は、長男Cなどの親族ではなく、弁護士・司法書士といった専門家となる可能性があります。選任された後見人は、それまでA家と無関係だったため、A自身やご家族の希望もよくわかっておらず、また、やはり安全な資産管理が最重要とされるため、例えば火災のおそれがあるような老朽化した貸家などは明渡しを受けて売却してしまい、金銭での財産管理に切り替える可能性があります。

　賃貸不動産を金銭化してしまうと、将来相談者Aについて相続が発生した場合の相続税の負担が増えますが、将来の相続人が負担すべき相続税を節税するというような観点は、A自身の財産管理とは無関係とされていますので、成年後見人がそのような処理をしても問題があるとはされません。賃貸物件の買い換え・買い増し等の相続税節税目的の行為などは、成年後見人としてやってはならないこととされています。

（2） 信託活用のメリット

　信託を活用すれば、将来の相続税負担の軽減ということも信託の目的とすることができ、受託者の裁量の範囲で柔軟な処理をすることができます。

この事例では、すでに中等度の認知症を患っている妻Bについても考慮する必要があります。もし、普通に相談者Aについて相続が生じたとすると、妻Bは自ら財産管理ができないので、妻Bについて成年後見人を付けないと遺産分割すらできません。そしてこの場合の成年後見人は、利害関係のない専門家が選任されることが確実で、その成年後見人は法定相続分の権利を主張する責任があるので、妻Bが2分の1の権利をもち、また、妻Bの成年後見人による消極的な管理という状態がA死亡後も続くことになります。

本件での信託の活用は、このような高齢の相談者A・妻Bの財産管理を柔軟に行うことに大きな力を発揮します。

2 法務解説

（1） 自然人受託者の場合

本事例では、賃貸経営を引き継ぐ長男C自身を受託者とせず、一般社団法人Xを受託者としたスキームを検討しています。長男Cはその代表者として実質的に賃貸経営を行っていくことにしました。

これは次のような理由によります。

長男Cは年齢的にはまだ財産管理能力を失うような歳ではありません。しかし、例えば不慮の事故や急病で、財産管理能力が失われる可能性はゼロとはいえません。

このような場合に備えて、信託契約において受託者に一定の事由が生じた場合の後任者である「後継受託者」を定めておくことが通常です。この事例では、長男Cの妻Fや、長男Cの子などを後継受託者と定めておくことが考えられるでしょう。

（2） 自然人受託者の限界

しかし、信託契約において後継受託者を定めておけば問題がないかというとそうではありません。

　本事例のような、信託財産の大部分が不動産であるような場合、信託契約後受託者に対し信託を原因とする不動産移転登記を行い、不動産の所有名義人は当初受託者となります。

　その当初受託者に事故があって、後継受託者に信託事務を引き継がなければならない場合、不動産の所有名義も新受託者に変更する必要がありますが、それが簡単ではないのです。

　当初受託者が死亡した場合は、新受託者の単独申請で新受託者への移転登記が行えます（不動産登記法100条）。しかし、事故で意識不明なままとなってしまったらどうでしょうか。当初受託者自身について後見開始・保佐開始がされれば、同じく新受託者の単独申請で所有名義を改めることができます（同条）が、それがされない場合は、共同申請の登記申請ができないので、所有名義は当初受託者のまま動かせません。当初受託者自身について、成年後見制度で管理すべき資産がさほどなくても、後見開始・保佐開始の申立てが必須とされることになります。

（3）　法人受託者のメリット

　死亡や能力喪失という問題があり得ない法人を受託者としておけば、この問題は避けられます。賃貸経営上の判断は、法人の理事等が実質的に行うので、特に支障は生じません。代表理事等に付いていた長男Cが能力を失っても、別の代表理事等を選任すれば法人による賃貸経営管理は継続できます。

（4）　一般社団法人の活用

　この受託者となる法人としては、株式会社を使うことは適切でないと考えられています。相談者Aの財産について受託するだけであるとしても、株式会社が受託する場合は、「信託の引受けを行う営業」（信託業法2条1項）に該当し、信託業の免許や登録（同法3条、7条）が必要となると解されています。そこで、Aについての信託の受託のみを目的とする一般社団法人を設立することとしました。

（5） 信託の存続期間

　なお、持分のない一般社団法人に、信託でなく本当に不動産を譲渡してしまうという方法もあります。これは、譲渡時に譲渡所得が生じればそれに所得税等が課されるものの、法人には持分がないのでその後の関係者死亡に伴い相続税が課されることがなくなるという点に着目した一種の節税策として案出されたものですが、2018（平成30）年度税制改正でこのような「節税策」は封じられました。その一般社団法人方式についてもいわれていたことですが、本事例のような受託者としての法人に所有名義を移す場合でも、いつまでその仕組みを維持するのかが、一個の問題です。

　長女D・二女Eにも与えた受益権をそれらの死亡により消滅させたり、有償で買い戻したりして、長男Cやその子孫に賃貸経営を引き継いでいくとしても、すでに亡くなった相談者Aを委託者とする信託契約によって、その後の千変万化の状況変化に応じた管理が遺漏なくできるかは疑問です。

　さりとて、特定の時期に信託を終了させることも適切かどうかはわかりません。

　そこで、本事例においては、信託の終期は特に定めません（信託法91条の期間制限はあります）が、相談者A亡き将来に適切に信託の変更や終了を行えるようにしておくこととします。

（6） 信託財産について

　信託財産となる賃貸不動産については、登記をしなければ第三者に対抗することができないとされており（信託法14条）、AからXへの所有権移転登記及び信託の登記の手続きを同時にすることになります（不動産登記法98条1項）。所有権移転登記は委託者Aと受託者Xの共同申請となり、信託の登記は受託者Xの単独申請となりますが（不動産登記法98条2項）、同一の申請書によってしなければならないとされています（不動産登記令5条2項）。

　信託財産となる金銭については、受託者に分別管理義務が課されており（信託法34条）、金融機関で信託口の預金口座を開設して金銭を管理すること

が望ましいといえます。信託契約の締結前に、信託口の預金口座を開設しようとする金融機関と相談・協議をして、いかなる要件・条件で預金口座を開設できるのか、いかなる信託契約の条項を作成するべきかについて、確認することが実務的に求められます。

3　税務解説

本スキームの信託期間中の課税関係については「事例[1]高齢者のための財産管理等　3　税務解説」を参照してください。この事例においては、「（1）不動産賃貸業を事業的規模で営んでいる場合の留意点」「（2）消費税課税の留意点」を記載します。

（1）　不動産賃貸業を事業的規模で営んでいる場合の留意点

ア　不動産所得の帰属

賃貸用不動産を信託した場合は、受託者に不動産の名義が移り、収入も支出も受託者の元で生じます。しかし、所得税法においては実質所得者課税という考えがあり、信託の利益を受けることができない（信託法8条）受託者は名義人であり、実質的な所得の帰属は受益者にあるものとみなして、所得税を課すことになります（所得税法13条1項）。

したがって、受益者が相談者Aの場合はAの所得となり、受益者が仮にB・C・D・Eの場合はB・C・D・Eの所得となります。受益権割合に応じて各々に所得が生じたものとして取り扱います。

一般社団法人に信託報酬の支払いがあった場合は、一般社団法人において収入として計上され、受益者側において不動産の管理にかかる部分は必要経費とされます。

一般社団法人で受け取った報酬を財源に役員報酬を払っていくこともできます。

なお、駐車場業については、借主に自動車を停める場所を提供するだけのような場合は、不動産所得となりますが、自動車の管理責任まで貸主にある

ような場合は規模に応じて、通常は、事業所得か雑所得に区分されます。信託の場合も同様の取扱いになるべきではないかと考えます。本稿においては、不動産所得を前提に記載しております。

イ　不動産賃貸業が事業的規模か否かの判断基準

　不動産所得が事業的規模かそれ以外かによって、必要経費になるもの等の範囲が異なることになります。例えば、この不動産所得が青色申告であり、事業的規模の場合は、青色申告特別控除が55万円または65万円とすることができますが、事業的規模以外の場合は10万円しか控除が認められません（租特法25条の２）。

　事業的規模か否かの判断基準として５棟10室基準（所基通26－９）があります。

（１）貸間、アパート等については、貸与することができる独立した室数が概ね10以上であること。

（２）独立家屋の貸付けについては、概ね５棟以上であること。

　また、土地の貸付けが事業的規模で行われているかどうかの判定は、社会通念上事業と称するに至る程度の規模かどうかにより、判定が難しい場合には、上記の建物の貸付け（所基通26－９）を参考に、貸室と貸地の平均的賃貸料の比などを考慮し、１室の貸付けに相当する土地の貸付件数を「概ね５」として判定されます（審理専門官情報第23号　大阪国税局個人課税審理専門官　平成19年１月26日質疑事例0108）。このことから駐車場なら50台以上と考えます。

　なお、複数の人の共有で賃貸用不動産を取得している場合の５棟10室基準は、全体の室数等に基づいて各人の規模を判断します。

　相談者Ａの場合は貸家アパート８棟、200台収容の貸駐車場、貸家５軒で、貸家は独立家屋の貸付けで５棟以上あることから事業的規模を満たしており、Ａが受益者のときも、Ｂ・Ｃ・Ｄ・Ｅが受益者のときも、各々、不動産所得は事業的規模であるとして取り扱うことができると考えます。

ウ　不動産賃貸業を事業的規模で営んでいる場合の小規模宅地等の特例

　貸付事業用宅地の小規模宅地等の特例が、相続開始前３年以内に取得した宅地について適用できるのは、被相続人が相続開始3年前から事業的規模で不動産賃貸を営んでいた場合に限られます（租特法69条の４第３項４号、租特令40条の２第19項）。この場合の事業的規模も、所得税の事業的規模と同じ要件で判定していくことになります（租特通69の４－24－４）。なお、駐車場用地が青空駐車場の場合は小規模宅地等の特例の適用はできず、アスファルト舗装（構築物）ならば適用は可能となります。

エ　不動産賃貸を事業的規模で営んでいる場合の事業税の取扱い

　不動産賃貸を事業的規模で営んでいる場合は、個人事業税が課される場合もあります。この場合の事業的規模の判断基準は、戸建ての場合も10棟以上、貸室の場合も10室以上とされており、所得税の基準とは異なります（「地方税法の施行に関する取扱いについて（道府県税関係）」（平成22年４月１日総税都第16号）第３章第１節第２・２の１（３））。

　また、実際の適用に関しては、その不動産のある道府県の条例を確認することになります。

（２）　消費税課税の留意点

ア　消費税課税とは

　消費税は、国内における資産の譲渡や役務の提供について対価を支払った場合において、対価を支払った者が負担した税を、対価を受け取った者が代わりに申告納付する間接税の１つです。国内で資産の譲渡等を行う事業者が消費税の納税義務者であり、事業を行わない個人は納税義務者となりません。消費税の申告納税は事務負担等が煩雑であることから、原則的には、基準期間（個人の場合は、前々年の課税売上高）が1,000万円以下であれば免税事業者となります（消費税法９条１項）。

　消費税の納税額は、顧客等から預かった消費税から、仕入先等に支払った消費税を差し引いて算定しますが、基準期間の課税売上げが5,000万円以下

の課税事業者は、簡易課税を選択することができます（消費税法37条）。簡易課税を選択した場合、税額計算は簡単ですが、消費税の還付を受けることはできません。

なお、信託の場合は、受益者が信託財産を取得したものとみなし、信託財産にかかる取引をしたものとみなして、消費税法の規定が適用されることになります（消費税法14条）。

イ　居住用アパートの賃貸と駐車場の賃貸

居住用アパートを賃貸することにより受け取る家賃は、消費税の計算上は、非課税とされます（消費税法6条、別表第2十三）。しかし、駐車場を賃貸した場合の賃貸料は、原則的には、消費税の課税取引とされます（消費税法施行令8条）。ですから駐車場の賃貸料が1,000万円を超える場合は、消費税の申告が必要となります。

1,000万円を超えるか否かは個人ごとに判定します。Aは、200台以上の駐車場収入があることから課税事業者ではないかと考えます。

ウ　相続の場合の課税事業者の判定

被相続人が課税事業者であった場合、相続人の課税事業者判定は、通常とは異なります。相続開始前から相続人が課税事業者の場合は、継続して課税事業者ですが、相続人が免税事業者の場合は、被相続人の基準期間における課税売上高も考慮することになります。

相続人が免税事業者の場合、相続開始年の1月1日から相続開始日までの期間は、免税事業者として取り扱います。しかし、被相続人の基準期間の課税売上げが1,000万円を超える場合は、相続開始日の翌日から12月31日までの期間は課税事業者となります（消費税法10条1項）。

ただし、被相続人の売上げが1,000万円を超えても、複数の相続人が持分割合で賃貸用不動産の受益権を取得した場合は、被相続人の課税売上げに持分を乗じた後の金額が1,000万円を超えるかで判断します（消費税法施行令21条）。例えばAの駐車場の収入が3,600万円であり、B・C・D・E（いずれも免税事業者）が4分の1ずつ受益権を取得するならばそれぞれ900万円の被

相続人の課税売上げが引き継がれることから免税事業者となります。

エ　インボイス制度と信託の留意点

　2023（令和５）年10月１日からインボイス制度が導入されました。消費税の計算上、支払った消費税を控除するためには、登録番号が記載された適格請求書を入手する必要があります。登録番号が入手できない場合は、仕入税額控除に一定の制限があります。

　信託の場合は、消費税の納税義務者と、実際に収支を処理する受託者が異なるという特徴があり、インボイス制度の取扱いについては、不透明な部分があります。

　受託者も全ての受益者も消費税の課税事業者である場合は、媒介者交付特例（消費税法施行令70条の12）を用いて、受託者の氏名・名称や登録番号を記載した適格請求書を交付することによって、相手先が仕入税額控除を受けることができると考えます。しかし、受託者や受益者の一部が免税事業者のような場合は、媒介者交付特例を用いることができないため、課税事業者である受益者の登録番号と、課税事業者と免税事業者の賃料部分を明確に区分した請求書等を相手先に発行しなければならないと考えます。賃料のように契約に基づいて定期的に振り込まれるようなものについては、登録番号が記載された契約書とともに賃料が引き落とされた通帳を保存すれば仕入税額控除ができます。2023（令和５）年10月１日前の契約で、契約書に登録番号が記載されていない場合は、別途、番号の通知書を保存すればよいとされています（国税庁HP「家賃を口座振替・口座振込により支払う場合の仕入税額控除の適用要件」（https://www.nta.go.jp/law/shitsugi/shohi/18/07.htm）2023年12月19日閲覧）。

④ 契約条項例

　A（以下「委託者」という。）及び一般社団法人X（以下「受託者」という。）は、以下のとおり委託者の第２条に規定する財産を対象とし、当初受益者をA、A死亡時からの受益者を以下に定める者とする信託契約を締結する。

第1条　（信託目的）

　本信託は、次条記載の信託財産を管理、運用または処分し、その他本信託目的の達成のために必要な行為をして、委託者兼当初受益者A及びその後の受益者らに対し、信託財産から得られる収益または信託財産の処分の代価による金銭給付を行い、受益者らにおける信託財産からの利益の享受を確保するとともに、Aについて生じる相続にかかる相続税負担を軽減する方策を講じ、A累代の資産である不動産経営を円滑に承継し継続させることを目的とする。

第2条　（信託財産）

１．委託者は、受託者に対し、次の財産を信託財産として信託し、受託者はこれを引き受けた。

（1）　別紙物件目録記載の不動産

（2）　現金　○○○○万円

２．委託者及び受託者は、本契約後速やかに、前項第1号の不動産について、信託を原因とする所有権移転登記及び信託の登記を行う。

３．受託者は、本契約後速やかに、「委託者A信託口受託者X」名義その他の信託財産であることが示された名義の預金口座を金融機関に開設し、委託者は速やかに当該口座に第1項第2号の金員を振り込んで引き渡す。

第3条　（受託者）

　本信託の受託者は、一般社団法人Xである。

第4条　（善管注意義務等）

　受託者は、信託事務を処理するにあたっては、本信託の目的に従い、善良な管理者の注意をもって、その事務を処理する。

第5条　（信託事務）

１．受託者は、以下の信託事務を行う。

（1）　本件信託財産を、受益者の利益及び受益者の相続人にかかる相続税負担の軽減の目的に資するように、保全、管理、運用及び処分すること。

（2）　本件信託財産の運用及び処分により得られた金銭から、本件信託財産の今後の保全、管理、運用及び処分に必要な費用等を勘案した留保金を留保した残余を、受益者に交付すること。

（3）　その他本信託の目的を達成するために必要な事務を行うこと。

2．受託者は、信託財産に属する金銭、預金その他の財産を受託者の固有財産とは分別して管理しなければならない。

第6条　（受益者）

1．本信託の当初受益者はAである。

2．Aが死亡した場合は、Aの受益権は消滅し、次に定められた者が、定めるところにより受益権を取得する。

（1）　Cが存命の場合は、受益権全体から第3号に定める受益権を控除した残余全部

（2）　CがA以前もしくは同時に死亡した場合は、その法定相続人が、受益権全体から第3号に定める受益権を控除した残余を、それぞれのCについての法定相続分の割合に従って取得する。

（3）　AにかかるCまたはその代襲相続人を除く法定相続人については、それぞれAについての法定相続分の2分の1に相当する割合の受益権

3．前項第3号により受益権を取得した者の受益権は、その死亡により消滅するものとし、その受益権の割合に相当する受益権を、CまたはCが当該受益者の死亡以前もしくは同時に死亡した場合はその法定相続人がCについての法定相続分の割合に従って、各取得する。

第7条　（受益者代理人）

前条第2項第3号の規定によりBが受益者となった場合は、C（そのとき以前または同時にCが死亡した場合は、Cの法定相続人全員）が定める者をBについての受益者代理人とする。

第8条　（委託者の地位）

　委託者Aが死亡した場合、委託者の権利は消滅し、委託者の地位は相続人に承継されないこととする。

第9条　（信託の変更等）

１．本信託は、委託者、受託者及び受益者（委託者が死亡した後は、受託者及び受益者）の合意により、変更し、終了させることができる。

２．前項の変更には、第6条第3項の変更またはその信託の変更の際の受益者の受益権について、その受益者の死亡の際に当該受益権が消滅すべきものとすること及びその消滅した受益権に相当する受益権を取得する者及びその割合等の定めを変更し、もしくはその定めを創設することを含むものとする。

第10条　（残余財産の帰属）

１．本信託が終了したときは、そのときにおける受益者を残余財産の給付を受けるべき受益者とする。

２．清算受託者は、信託財産を、現状のまま残余財産の給付を受けるべき受益者に取得させるものとする。

第11条　（管轄裁判所）

　本信託及び本契約に定める権利義務に関して争いが生じた場合には、○地方裁判所を第一審の専属的合意管轄裁判所とする。

　　　　　　　　　　　　年　　　月　　　日

　　　　　　　　委託者
　　　　　　　　住所
　　　　　　　　氏名

　　　　　　　　受託者

住所

名称

5　一般社団法人Ｘ定款例

第1章　総則

第1条　(名称)

当法人は、一般社団法人Ｘと称する。

第2条　(目的)

当法人は、A及びAが当法人と締結する信託契約に基づき当該信託の受益者とされる者の幸福な生活と福祉を確保することを目的とし、以下の事業を行う。

（1）　AからAの財産を信託財産とする信託の引受け

（2）　前号に附帯する一切の業務

第3条　(主たる事務所の所在地)

当法人は、主たる事務所を○○県○○市・・・・に置く。

第4条　(公告の方法)

当法人の公告は、官報に掲載してこれを行う。

第2章　社員

第5条　(社員の資格の得喪に関する事項)

社員としての資格の得喪については、以下のとおりとする。

（1）　当法人の成立後に入社しようとする者は、総社員の同意を得て入社することができる。

（2）　その他当法人の社員としての資格の喪失については、一般社団法人及び一般財団法人に関する法律（平成18年法律第48号。以下「一般法人

法」という。）に定めるところによる。

　　　第3章　社員総会

第6条　（社員総会の招集の時期）

　当法人の社員総会は、毎事業年度の終了後3か月以内に招集するものとする。

第7条　（社員総会についてのその余の定め）

　その他社員総会については、一般法人法の定めるところによる。

　　　第4章　役員及び代表理事

第8条　（役員等についての定め）

1．当法人には、1名または2名以上の理事を置く。

2．当法人には、理事会及び監事は置かないものとする。

3．理事が2名以上あるときは、その互選により代表理事を定める。

4．その他当法人の社員総会以外の機関の設置については、一般法人法の定めるところによる。

　　　第5章　計算

第9条　（事業年度）

　当法人の事業年度は、毎年1月1日に始まり、同年12月31日に終わるものとする。

　　　第6章　定款の変更及び解散

第10条　（定款の変更等についての定め）

　当法人の定款の変更または解散については、一般法人法の規定による。

第11条　（残余財産の帰属）

　当法人が解散した際の残余財産の帰属については、清算法人の社員総会の決議によって定める。

　　　　附則

第1条　（設立後初めての事業年度）

　当法人の設立後初めての事業年度は、当法人の成立の日からその日の属する年の12月31日までとする。

第2条　（設立時の社員の氏名及び住所）

　当法人の設立時社員の氏名及び住所は、次のとおりである。

　　　　○○県○○市・・・・・　C

　　　　○○県○○市・・・・・　Cの妻

　　　　○○県○○市・・・・・　Cの長男

第3条　（設立時の理事の氏名及び住所）

　当法人の設立時の理事及び設立時代表理事は、次のとおりとする。

　　　　○○県○○市・・・・・　C

　　　　○○県○○市・・・・・　Cの妻

　　　代表理事　C

（伊東大祐・菅野真美・戸田智彦改訂）

8

遺留分に配慮するため、信託を活用し株式の自益権と共益権を柔軟に分ける方法

《事　例》

　私Ａ（65歳）は、自らが設立した会社（甲社）を経営しています。甲社の株式は全て私が保有しています。

　私Ａには、妻Ｂ（62歳）、長男Ｃ（35歳）、長女Ｄ（30歳）がいます。長男Ｃには子どもが１人、長女Ｄには子どもが２人います。長男Ｃは私の会社で働いていますが、長女Ｄは専業主婦をしています。

　私の主な資産は、甲社の株式と自宅不動産です。

　長男Ｃは私の会社を継ぐ意思があり、私も長男Ｃに会社を継がせたいと希望しています。長女Ｄは、私の会社で働いたこともなく、私の会社を継ぐことに関心はありません。

　自宅不動産は、妻Ｂに譲りたいと考えています。

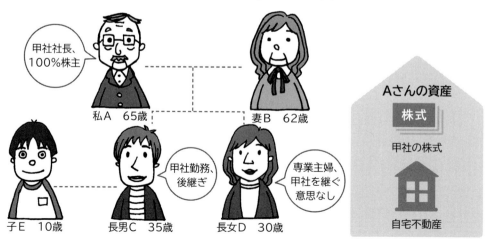

《信託スキーム例》

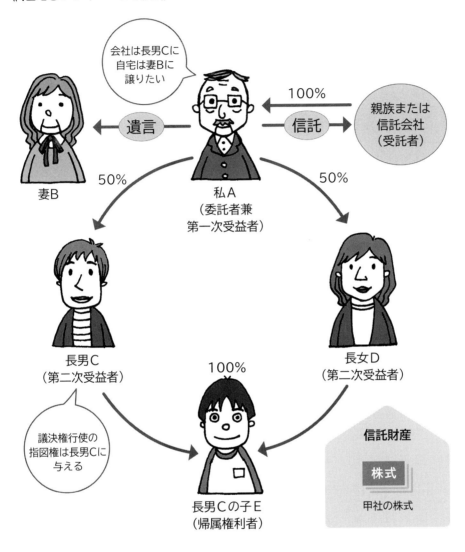

会社は長男Cに
自宅は妻Bに
譲りたい

100%

親族または
信託会社
（受託者）

遺言 ← 私A → 信託

妻B

私A
（委託者兼
第一次受益者）

50% 50%

長男C
（第二次受益者）

議決権行使の
指図権は長男Cに
与える

100%

長女D
（第二次受益者）

信託財産

株式

甲社の株式

長男Cの子E
（帰属権利者）

　ご質問の件では、相談者Aさんの希望を叶えるため、甲社の株式を信託財産として、Aさんの死後には、株式から経済的な利益を受けることを内容とする受益権を長男Cさんと長女Dさんにそれぞれ与えつつ、株式の議決権行使の指図権は後継者であるCさんに与えるというスキームが考えられます。

　これは、株式を信託財産とする受益権を長男Cさんと長女Dさんに与えることにより、Dさんの遺留分にも配慮しつつ、Cさんには株式の議決権行使の指図権を与えるという形でCさんに会社を支配させるというものです。

　信託財産となった株式は、最終的に、長男Cさんの子Eさんに集約することを予定しています。

　自宅不動産については信託財産とし、その受益権を妻Bさんに与えるという仕組みにすることもできますが、信託財産とせず相談者Aさんが信託契約とは別に遺言によりBさんに遺すという方法をとることもできます。

　受託者は、適任の親族がいる場合にはその親族を受託者としますが、親族に適任者がいない場合には、信託会社を受託者とすることを検討します。

1 信託を使うメリット

① 確実に、**後継者へ会社の支配権を譲り渡す**ことができます（承継）。

② 後継者に会社の支配権を集中させた場合でも、**非後継者の遺留分を侵害**しません。

③ 経営の空白を生むことなく、前経営者から後継者へ**安定的な事業の承継**を実現します（承継）。

2 法務解説

（1）当事者

ア　委託者

本事例では、相談者Aが委託者となります。

相談者Aは自ら設立した甲社を長男Cに譲り渡すことを希望しています。Aの希望を実現するために、本信託は利用されることになります。

イ　受託者

本事例において、相談者Aに信頼できる親族がいるならば、その親族を受託者とすることが考えられます。本信託においては、後述のとおり、Aまたは長男Cに議決権行使の指図権が与えられており、この議決権行使の指図権に基づき、Aまたは長男Cが甲社の経営を行うことになるため、仮に、その親族が甲社の経営に詳しくなくとも特に問題ありません。

相談者Aに信頼できる親族がいない場合には、信託会社を受託者とすることを検討します。なお、信託会社を受託者とする場合には、信託会社に対し信託報酬を支払うことになりますので、一定のコストがかかることになります。

ウ　受益者

（ア）当初（第一次）受益者

　本事例では、相談者Aを当初（第一次）受益者とします。仮に、後継者である長男Cを当初（第一次）受益者とした場合には、長男Cに贈与税が課されることになります。

　信託を設定する場合、受益者を定めるとともに、信託行為によって、その受益者が取得する受益権の内容も定める必要があります（信託法2条7項参照）。本事例においては、相談者Aが取得する受益権の内容としては、信託財産となっている甲社の株式から生じる剰余金その他株主として経済的利益を受ける権利とします。

（イ）第二次受益者

　相談者Aが亡くなった場合には、第二次受益者として長男C及び長女Dを指定します。長男C及び長女Dを第二次受益者として指定するとともに、それぞれが取得する受益権の割合も指定することができます。長女Dの遺留分を侵害しないという目的からすると、長女Dの受益権割合を長女Dの遺留分額ぎりぎりまで減らすことも考えられます（なお、本事例では、Aの主な資産は甲社の株式だけではなく自宅不動産もあるため、自宅不動産の価値を加味したうえで、長女Dの遺留分額は算定されます）。本信託では、長男Cと長女Dを可能な限り平等に扱うために、それぞれの受益権割合を50％ずつとしています。

　長男C及び長女Dが取得する受益権の内容も、甲社の株式から生じる剰余金その他株主として経済的利益を受ける権利とします。

エ　帰属権利者

　本信託では、第二次受益者である長男C及び長女Dがそれぞれ亡くなった際の本信託の帰趨が問題になります。

　長男Cにも長女Dにも子どもがいますので、それぞれの受益権をそれぞれの子どもに引き継がせることも考えられます。しかし、このように受益者の子どもらに受益権を引き継がせることを続けると、受益者が増え、受益権が細分化されることになり収拾がつかない事態になることも考えられます。

そこで、甲社の安定的な経営を優先し、ここでは、長男C及び長女Dが亡くなった際には、長男Cの子Eに甲社の株式を帰属させることにします。

（2）　信託行為

本事例では、相談者Aを委託者として、親族（または信託会社）を受託者として、Aと親族（または信託会社）との間で信託契約（信託法2条2項1号、3条1号）を締結することが一般的です。

このように信託契約により信託を設定する場合には、相談者Aの生前、その判断能力があるうちに、信託の効力を生じさせることができ、信託の運用を軌道に乗せることができます。

（3）　信託財産

ア　株式

株券不発行株式に関しては、会社法で「株式については、当該株式が信託財産に属する旨を株主名簿に記載し、又は記録しなければ、当該株式が信託財産に属することを株式会社その他の第三者に対抗することができない」と規定されています（会社法154条の2第1項）。

また、信託法は、法務省令で定める財産は、当該財産を適切に分別して管理する方法として法務省令で定める方法で分別管理すると規定し（信託法34条1項3号）、信託則4条では、法令の規定により信託財産に属する旨の記載または記録をしなければ信託財産に属することを第三者に対抗することができない財産（信託法14条の信託の登記または登録をすることができる財産を除く）については、信託財産に属する旨の記載または記録とともに、その計算を明らかにする方法による分別管理を求めています。

そこで、株式については、株主名簿に信託財産に属する旨の記載または記録とともに、受託者がその計算を明らかにする方法により分別管理することになります。

イ　不動産

前述のとおり、相談者Aの主な資産は、甲社の株式と自宅不動産です。Aの自宅不動産を信託財産としたうえで、当該不動産を利用する権利を受益権として、その受益権を妻Bに取得させるという仕組みにすることも考えられます。

しかし、自宅不動産を妻Bに与えるだけであれば、あえて、信託を利用しなければならない特別の理由があるわけではないこと、自宅不動産に関しても信託を利用すると、受託者が株式だけでなく自宅不動産の管理まで行うことになり負担が増えてしまうことなどを考慮し、本事例では自宅不動産は信託財産としないことにします。

自宅不動産に関しては、信託外において、相談者Aから妻Bへ遺言により取得させることにします。このように、信託と遺言は併用することも可能です。そして、信託と他の制度（後見制度、生命保険など）を併用することによって、それぞれの利点を生かすことができます。

（4）　信託期間

本事例においては、甲社の後継者である長男Cに確実に甲社の経営権を承継させるとともに、長男Cと長女Dとの間で遺留分をめぐる争いを起こさないことが相談者Aの希望です。その後は、長男Cの子Eに甲社の株式を集中させることを考えています。そのため、信託期間は、本信託契約時から長男C及び長女Dが亡くなるまでになります。

信託の終了に関し、信託条項において、信託期間として規定する方法もありますが、一般的には、信託の終了事由として規定します（信託法163条9号）。

（5）　その他

ア　信託目的

信託目的は、受託者が信託事務を行う際のガイドラインになるばかりでは

なく、受託者が行う信託事務がその権限内の行為かどうかの判断基準にもなります（信託法26条参照）。そのため、信託契約には信託目的を必ず記載するとともに、できる限り具体的に規定することが望ましいと考えられます。

前述のとおり、本信託の目的は、甲社の経営の安定のために、非後継者である長女Dの遺留分を侵害することなく、後継者である長男Cへ確実に会社の支配権を譲り渡すことになります。

イ　受託者の権限

受託者は、信託財産の所有者として、①信託財産を管理する行為、②信託財産を処分する行為、③信託財産に関する権利を取得する行為、④債務を負担する行為、⑤信託財産に関する訴訟を追行する行為などを行う権限を有していますが、これらの受託者の権限は信託行為によって制限を加えることができます（信託法26条ただし書参照）。

本信託においては、甲社の経営の安定のために、後継者である長男Cに確実に甲社の経営権を承継させることが信託目的となっています。受託者が甲社の株式の処分や担保権の設定ができるとすると、この信託目的に反することになるため、受託者の権限は制限しておくことが適切です。

ウ　指図権・指図権者

本信託のポイントは、相談者Aの死後、甲社の株式から経済的な利益を受ける権利は、長男Cと長女Dに平等に与えつつ、甲社の株式の議決権行使の指図権を長男Cに与え、長男Cに甲社の経営権を委ねるところです。

そこで、指図権の内容としては、受託者に対する甲社の株式の議決権行使を指図することになります。

なお、相談者Aの生前においては、A自身がこの指図権をもつことによって、信託設定前と同様に、Aが甲社の経営権をもつことになります。

3　税務解説

　甲社株式設定時の課税関係と相談者Ａ死亡時の信託財産である甲社株式の評価額については、「事例⑥事業承継信託　3　税務解説」を参照してください。以下においては「（1）信託期間中の配当所得について」説明します。

（1）　信託期間中の配当所得について

　信託期間中、配当として、会社から受託者に源泉税（非上場会社については20.42％の税率（所得税法181条、182条2号、東日本大震災からの復興のための施策を実施するために必要な財源の確保に関する特別措置法28条））を差し引いた金額が支払われます。受託者から受益者にいつ配当が支払われるかは契約書に定められます。受託者が受益者に支払う段階では源泉税は徴収されません。

　配当所得は、誰の所得になるかというと受託者ではなく、受益者のものとなります（所得税法13条1項）。ですから、相談者Ａが受益者の期間はＡの所得であり、長男Ｃ、長女Ｄが受益者の期間は受益権割合に基づいて、長男Ｃ、長女Ｄの所得になります。

　配当所得の収入とすべき時期は、実際に受益者に支払われた時期ではなく、配当の効力が生ずる日が定められている場合はその日、定められていない場合は株式を発行した会社の株主総会で配当を決議した日となります（所基通36−4（1））。配当を決議した日の属する年分の受益者の所得として、受益者は、確定申告をしなければなりません。

　ただし1回に支払いを受ける配当の金額が次の算式で計算した金額以下である場合は、申告をする必要はありません（租特法8条の5第1項1号）。

10万円×配当計算期間の月数÷12

　信託期間中に受託者である親族または信託会社に信託報酬を支払ったとしても、配当所得の計算上、信託報酬を必要経費として差し引くことはできません（所得税法24条2項）。

なお、確定申告をした場合、課税所得等の大きさにより配当所得の金額の10％または５％を所得税から控除する配当控除の適用を受けることができます（所得税法92条）。

4　契約条項例

　ここでは、本信託においてポイントとなる条項例を示します。基本となる信託契約書例は本書78頁を参照してください。

第○条　（信託目的）

　本契約の信託目的は、以下のとおりである。

　委託者Ａ（以下「委託者」という。）の別紙信託財産目録記載の財産（以下「信託財産」という。）を受託者Ｙ（以下「当初受託者」という。）または第○条に定める後継受託者（以下、当初受託者と後継受託者をあわせて「受託者」という。）が管理または処分することにより

　（１）　甲社の安定した経営を確保すること。

　（２）　甲社の経営権を後継者に円滑に承継すること。

第○条　（受託者の権限）

　受託者は、信託財産目録記載○の株式を処分及び担保権の設定をすることができない。

第○条　（指図権者）

１．委託者兼当初受益者Ａを指図権者とする。

２．Ａが死亡したときは、第二次受益者Ｃを指図権者とする。

第○条　（指図権の行使）

　指図権者は、受託者に対し、信託財産目録記載○の株式の議決権の行使について指図し、受託者は、その指図に従わなければならない。

第○条　（信託の終了事由）

本信託は、以下の各号に該当する事由が生じたときは終了する。

（1）　第二次受益者である長男C及び長女Dが死亡したとき。

（2）　その他信託法が定める信託終了の原因があるとき。

第○条　（帰属権利者の指定）

1．本信託が本信託契約書第○条（信託の終了事由）第1号の定め（第二次受益者長男C及び長女Dの死亡）により終了したときの残余財産の帰属すべき者を、以下のとおり指定する。

　　　長男Cの子E

2．本信託が本信託契約書第○条（信託の終了事由）第2号の定め（その他信託法が定める信託終了の原因）により終了したときの残余財産の帰属すべき者として、本信託終了時の受益者を指定する。

5　遺言条項例

遺言により土地及び建物を妻Bに取得させる場合の遺言条項例を示します。

第○条

遺言者は、遺言者の所有する以下の土地及び建物を、妻B（昭和○年○月○日生）に相続させる。

1　土地の表示

（省略）

2　建物の表示

（省略）

（伊庭潔・菅野真美）

9

自己信託

《事　例》

　私Ａ（65歳）には、妻Ｂ（53歳）と財産管理ができない身体障がいがある子Ｃ（30歳）がいます。

　私は会社を経営しており、現在は会社の経営も順調です。そのおかげで、私は多額の金融資産をもっています。しかし、私は、会社の債務を個人保証しているため、もし、会社の経営がうまくいかなくなったときには、個人の資産が引当てになってしまい、子Ｃのために残しておきたいと考えている個人資産が減少してしまうことを心配しています。

　そこで、今のうちに、障がいをもった子Ｃのために個人資産を確保しておきたいと考えています。

　また、私が健在なうちは、私自身が子Ｃのために資産を管理したいという希望があります。

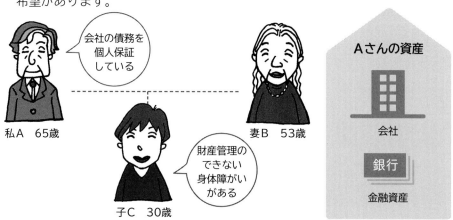

《信託スキーム例》

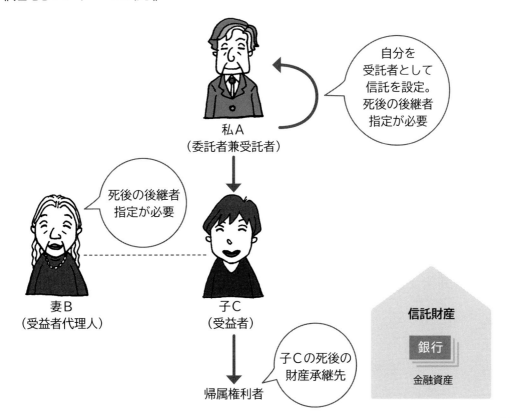

私A
（委託者兼受託者）

自分を
受託者として
信託を設定。
死後の後継者
指定が必要

死後の後継者
指定が必要

妻B
（受益者代理人）

子C
（受益者）

子Cの死後の
財産承継先

帰属権利者

信託財産

銀行

金融資産

　ご質問の件では、相談者Aさんが子Cさんの将来の生活のために、金融資産を信託財産とし、自分を受託者として信託を設定する方法が考えられます。

　本事例においては、相談者Aさん自身が子Cさんのために財産を管理したいとの希望がありますので、受託者はAさん自身とします。このような委託者と受託者とを同一人物とする信託を「自己信託」といいます。

　相談者Aさんは子Cさんより先に亡くなることが想定されますので、Aさんが亡くなっても信託を存続させるために、受託者の後継者を選んでおくことが必要です。

　本事例における受益者は子Cさんにします。仮に、相談者Aさん自身を受益者とした場合には、Aさんの経済状況が悪化した際に、Aさんが保有している受益権を差し押さえられてしまうため、信託の設定による倒産隔離の効

果を期待できなくなるからです。

　子Cさんは自分自身での財産の管理が難しいと考えられますので、Cさんの利益を確保するために受益者代理人を選任しておくことも必要です。受益者代理人は妻Bさんに依頼するとよいでしょう。また、BさんもCさんより先に亡くなることが考えられるため、受益者代理人の後継者を指定しておくことも必要になります。

　信託は子Cさんが亡くなるまで存続させます。信託終了時に、信託財産が残っている場合に備えて、その残余財産の帰属先を決めておきます。例えば、Cさんがお世話になった親族や福祉施設に、信託終了後に残った財産を承継させることが考えられます。

1 信託を使うメリット

① 相談者Aの生前、その判断能力があるうちに、**障がいのある子Cの将来の生計の維持・確保に関する仕組みを作る**ことができます（財産管理・活用）。

② 自己信託を活用することにより、**相談者Aが自ら財産を管理・活用する**ことができます（財産管理・活用）。

③ 長期に分割して生活資金を子Cに給付するなど、**継続性のある仕組みを作る**ことができます（財産管理）。

④ 将来的に、相談者Aの経済状況が悪化した場合でも、**信託財産は相談者Aの固有財産とは別のものとして扱われ**（信託財産の独立性）、**信託財産は子Cのために確保されます**（倒産隔離）。

⑤ 相談者Aが、**子Cが亡くなった際の残余財産の帰属先を決める**ことができます（承継）。

2 法務解説

（1） 当事者

ア　委託者

本事例では、相談者Aが委託者となります。

子Cの将来を慮り、子Cのために自己の財産を有効に活用したいという相談者Aの希望を実現するために、本信託は利用されることになります。

イ　受託者

本事例では、相談者A自身が受託者にもなります。

このように、委託者が自分自身で信託財産を管理等する意思表示を行うことを自己信託といいます（信託法3条3号）。相談者Aが自己信託を活用することにより、子Cのための財産の管理・活用を、他人の手を借りずに、A自

身で行うことができます。また、受託者を第三者に依頼する場合には、受託者に対し信託報酬を支払う必要が出てくる場合もあります。A自身が信託財産の管理・活用を行うならば、信託報酬を気にすることなく信託を活用することができます。

本事例においては、親である相談者Aは、子Cよりも先に亡くなることが想定されます。Aが亡くなると、受託者として財産の管理・活用する者がいなくなりますので、新たな受託者を選任する必要が出てきます（信託法62条参照）。その場合に備えて、Aが、信託行為において、子Cのことをよく知っている後継の受託者を指定しておくことが望ましい対応です。

ウ 受益者

本事例では、障がいのある子Cを当初から受益者とします。後述するように、当初から子Cを受益者とすると、子Cに贈与税が課されることになります。

しかし、本信託の主なポイントは、将来的に相談者Aの経済状況が悪化した場合、例えば、Aが破産した場合でも、受益者子Cのために利用することを予定している信託財産は、Aの破産手続きの影響を受けることがない状態を作り出したいということです（信託法25条1項）。そのためには、他の事例のように、Aの生前、Aを当初（第一次）受益者としたのでは、Aが有している受益権が破産財団に属することになってしまい、子Cの保護を図ることはできなくなります。

そこで、信託設定時に、子Cに相続税が課されるというデメリットはありますが、子Cのために財産を確保するという目的を優先し、本信託では、子Cを当初から受益者としています。

後述の税務解説にあるとおり、相続時精算課税を活用するならば、信託設定時における贈与税の課税額を圧縮することできます。この相続時精算課税を活用することにより、子Cを当初から受益者とする場合のデメリットを緩和することができます。

信託を設定する場合、受益者を定めるとともに、信託行為によって、その受益者が取得する受益権の内容も定める必要があります（信託法2条7項参

照）。本事例においては、受益者が取得する受益権の内容としては、信託財産となっている預貯金から金銭の給付を受ける権利、株式から配当金の給付を受け取る権利並びに株式が処分されたときには、その処分代金を受け取る権利とすることが考えられます。

エ　帰属権利者

　障がいのある子どもをもつ親の悩みのうちの１つに、せっかく子どものために多くの財産を残したとしても、子どもが使い切れなかったときには、残った財産は国のものになってしまうということがあります。つまり、障がいをもつ子どもに兄弟などの法定相続人がおらず、また、子どもが遺言を残す能力もないような場合には、子どもが亡くなった際に残っていた財産は、国庫に帰属することになってしまうということです（民法959条）。

　そのような事態を避けるために、子どもが亡くなった際の残余財産の帰属まで親が決められると便宜です。民法では、いわゆる後継ぎ遺贈は無効であるという説が有力ですが、信託を活用することによって、この後継ぎ遺贈と同様の効果を実現することができます。

　そこで、相談者Aが、信託行為によって、子Cが世話になった福祉施設や親族などを帰属権利者として指定することが考えられます（信託法182条１項２号）。

（2）　信託行為

　自己信託を設定する場合には、相談者Aが信託目的に従い自己の有する信託財産の管理または処分及びその他の信託目的の達成のために必要な行為を自らすべき旨の意思表示を公正証書その他の書面または電磁的記録に記載または記録することになっています（信託法２条２項３号、３条３号）。

　自己信託において、その意思表示が公正証書または公証人の認証を受けた書面もしくは電磁的記録によってされた場合には、その公正証書等の作成により直ちに効力が生じることになります（信託法４条３項１号）。

　自己信託を設定するための意思表示は、公正証書等によって行わなければ

なりませんが（要式性）、その公正証書等には

① 信託の目的

② 信託をする財産を特定するために必要な事項

③ 自己信託をする者の氏名または名称及び住所

④ 受益者の定め（受益者を定める方法の定めを含む）

⑤ 信託財産に属する財産の管理または処分の方法

⑥ 信託行為に条件または期限を付すときは、条件または期限に関する定め

⑦ 信託法163条9号の事由（当該事由を定めない場合にあっては、その旨）

⑧ 上記①～⑦の他、信託の条項

を記載または記録することが要求されています（信託則3条）。

（3）　信託財産

ア　預貯金

　預貯金を信託財産とする場合、現状において、預貯金口座の名義変更という手続きは認められていないため、委託者の預貯金を一旦下ろし現金にしてから、受託者に引き渡すという手続きをとることになります。

　金銭または預金債権については、信託財産であることを公示しなくとも、信託財産であることを第三者に対抗することができます。

　信託法では、金銭または預金債権の分別管理方法として、受託者に、その計算を明らかにする方法しか要求していません（信託法34条1項2号ロ）。しかし、受託者に信託財産の適切な管理を求めるためには、信託行為によって、受託者に対し、金銭に関しては受託者の固有財産と外形上区別できる方法、預金債権に関しては信託預金の専用口座を開設する方法を義務付けることが望ましいと考えられます。

　金融機関における信託口口座の取扱いについては、実務的な運用は定まっていません。信託口口座の開設の可否や開設の条件について、金融機関ごとで対応が異なっています。信託口口座の開設を検討している金融機関に、信託口口座の開設の可否や開設する場合の条件について、問い合わせをしてく

ださい。

イ　上場株式

会社法154条の２第１項は、株券不発行株式に関し、「株式については、当該株式が信託財産に属する旨を株主名簿に記載し、又は記録しなければ、当該株式が信託財産に属することを株式会社その他の第三者に対抗することができない」と規定しています。

また、信託法34条１項３号では、法務省令で定める財産は、当該財産を適切に分別して管理する方法として法務省令で定める方法で分別管理すると規定されています。この信託法の規定を受けて、信託則４条では、法令の規定により信託財産に属する旨の記載または記録をしなければ信託財産に属することを第三者に対抗することができない財産（信託法14条の信託の登記または登録をすることができる財産を除く）については、信託財産に属する旨の記載または記録とともに、その計算を明らかにする方法による分別管理を求めています。

そこで、上場株式については、信託財産に属する旨の記載と記録とともに、その計算を明らかにする方法により分別管理するということになります。

ところで、上場株式について、現在、少数の証券会社を除き、信託口の証券口座の開設を認めることはほとんどないようです。また、信託銀行によっては、上場株式を信託口口座で管理することもあるようですが、実務的には、上場株式の信託管理方法はいまだ確立されていないと思われます。

（4）　信託期間

本事例では、相談者Aが亡くなった後においても、子Cの生計を維持・確保することがAの希望です。そのため、信託期間は、子Cが亡くなるまでということになります。

信託条項において、信託期間として規定する方法もありますが、一般的には、信託の終了事由として規定します。

（5）　その他

ア　信託目的

　信託目的は、受託者が信託事務を行う際のガイドラインになるばかりではなく、受託者が行う信託事務がその権限内の行為かどうかの判断基準にもなります（信託法26条参照）。そのため、信託契約には信託目的を必ず記載するとともに、できる限り具体的に規定することが望ましいと考えられます。

　前述のとおり、本信託の目的は、主としては、障がいのある子Cの将来の生計を維持・確保することになりますが、副次的には、子Cが亡くなった際の残余財産の承継先を決めておくことになります。

イ　受益者代理人

　信託法においては、原則として、受益者が受託者を監視・監督する権限を有しており（信託法92条に列挙されている権利）、この受益者の権限は信託行為によっても制限することはできないとされています（同条）。

　このように、信託法は、受益者が受託者を監視・監督することを想定していますが、受益者が年少者、高齢者や障がい者である場合には、受益者の受託者に対する監視・監督権限を適切に行使することを期待することができません。

　そこで、受益者による受託者に対する監視・監督権限の行使が期待できない場合には、受託者を監督する役割を有する信託監督人または受益者代理人を選任することが相当です（信託法131条以下、138条以下）。

　本信託においても、受益者となる子Cは障がいをもっているため、受託者を監督することが困難な状況です。そこで、受益者である子Cのために、その代理人として、受益者の信託法上の一切の権利を行使する権限を有している受益者代理人を選任することが必要となります（信託法139条）。この受益者代理人には、信託制度について知識を有している弁護士などの専門職を選任することが望ましいと思われます[1]。

1　日本弁護士連合会の「民事信託業務に関するガイドライン」（2022（令和4）年12月16日）では、民事信託では、原則として、信託監督人または受益者代理人の監督機関を設置することを求め、その監督機関には信託契約書の案文を作成した弁護士が就任することが望ましいとしています（「Ⅱ　民事信託業務を行う際の留意点　第10　弁護士による継続的な関与」）。

3 税務解説

（1） 信託設定時の課税関係

　相談者Ａが金融資産を自己信託した場合、原則的にはＡの信託口口座となります。Ａは子Ｃを受益者としています。課税がどうなるかを考える場合、誰が実質的に利益を受けることになるのかを考えます。信託において、利益を受ける人は受益者であり、この事例においては子Ｃです。信託を設定する前、金融資産から利益を受けていたのはＡであることから、信託により、利益を受ける人が変わります。そうすると、新たに利益を受ける人の受ける利益について税金が課されます。この場合、子Ｃが受けた利益、すなわち受益権について贈与税が課されることになります（相続税法９条の２第１項）。贈与税は贈与を受けた財産の価額を評価して計算することになります。

　自己信託をした場合、たとえ受贈者が障がい者であったとしても非課税の特例を受けることはできません。信託銀行や信託会社が受託者となる特定贈与信託に該当する場合は6,000万円または3,000万円までの贈与税の非課税の制度を利用することができます（相続税法21条の４）。この制度については、「事例②親なき後問題　３　税務解説（４）特定贈与信託」を参照してください。

　なお、執筆時点の最新の情報として「（４）公益信託の税制改正」を記載しています。

（2） 暦年贈与課税と相続時精算課税

　贈与税の課税方法は２つあります。暦年贈与課税と相続時精算課税です。暦年贈与課税を利用した場合、受贈者が１年間に贈与により取得した財産の合計額から基礎控除額110万円（相続税法21条の５、租特法70条の２の４）を差し引いた残りについて、超過累進税率により課税されます（相続税法21条の２）。また贈与税の税率は、受贈者と贈与者の関係によって異なり、受贈者

が贈与を受けた年の1月1日で18歳以上でかつ直系尊属からの贈与の場合は特例税率（租特法70条の2の5）、それ以外の場合は一般税率（相続税法21条の7）となり、特例税率の方が一般税率よりも贈与税額が低くなります。

　この事例において、委託者Aは65歳であり子Cは30歳であるので、特例税率を適用することができます。

　例えば、3,000万円の現預金を、子Cを受益者として相談者Aが信託を設定した場合の贈与税額は次のようになります。

　（3,000万円－110万円）×45％－265万円＝1,035.5万円

　つまり3,000万円の現金を受け取ったとしても、手取りは1,964.5万円となってしまいます。

　2023（令和5）年12月31日までの贈与について、相続時精算課税（相続税法21条の9）では60歳以上の直系尊属から18歳以上の子や孫に贈与した場合は、2,500万円（同法21条の12）まで贈与税が非課税で、2,500万円を超える部分について税率が20％（同法21条の13）で課されることになります。相談者Aが65歳で子Cが30歳であり、Aが子Cの父親であることから、相続時精算課税の適用は可能となります。この場合の贈与税額は、次のようになります。

　（3,000万円－2,500万円）×20％＝100万円

　暦年贈与課税の場合の贈与税と比較すると、この事例の場合935.5万円少なくなりました。

　2024（令和6）年1月1日以後の贈与に関しては、税制改正が行われ、相続時精算課税についても年間110万円までは、暦年贈与と同じような基礎控除が適用されます（令和5年法律3号改正後相続税法21条の11の2、同号改正後租特法70条の3の2）。

　上記同様の事例の場合の贈与税は、2024（令和6）年1月1日以後は次のようになります。

　（3,000万円－110万円－2,500万円）×20％＝78万円

　2023（令和5）年12月31日までの相続時精算課税の適用をした場合は、適用財産については、贈与者が死亡した場合の相続税の計算上、相続または遺贈により財産を取得したか否かにかかわらず、必ず、相続時精算課税の適用

のある財産の価額を相続財産の価額に含めて相続税を計算し（令和5年法律3号改正前相続税法21条の15第1項、21条の16第1項）、すでに納めた相続時精算課税の贈与税がある場合は、控除して精算することになっていました（同法21条の15第3項、21条の16第4項）。2024（令和6）年1月1日以後の相続時精算課税の適用により贈与を受けた財産については、贈与者が死亡した場合の相続税の計算上、110万円までの基礎控除額を控除した残額が加算対象となります（改正後相続税法21条の15第1項）。

　他方、暦年贈与課税の場合は、相続または遺贈により財産を取得した人が相続から3年以内に被相続人からの贈与を受けた場合は、贈与財産を相続財産に加算することになっていましたが（令和5年法律3号改正前相続税法19条）、2024（令和6）年1月1日以降に行われた贈与については、経過措置がありますが、最長7年以内に延長されます（改正後相続税法19条）。相続時精算課税と異なり、相続税の計算上加算される贈与財産の課税価格は110万円以下の少額贈与財産であったとしても対象となりますが、相続開始前3年超7年以下の期間において贈与により取得した財産の総額のうち100万円までは加算不要の措置が設けられています（同条1項）。

（3）　子Cの相続発生時の課税関係と寄附金課税

　受益者である子Cの相続が発生した時点で信託は終了し、その時点での信託財産が帰属権利者に分配されることになります。個人の方が帰属権利者の場合は、その人が残余財産を遺贈により取得したものとみなして相続税の課税対象になります（相続税法9条の2第4項）。帰属権利者が社会福祉法人の場合は、個人の場合とは課税関係が異なります。

　個人が法人に遺贈した場合は、財産が法人に時価で移転したとみなされることになります（所得税法59条1項1号）。Cの相続により信託が終了した場合で、受益者の権利の目的となっている資産が上場株式の場合は、受益者Cが上場株式を譲渡したものとみなして法令が適用されます（租特通37の10・37の11共-21）。金銭を譲渡した場合は譲渡所得は生じません。

　そして、相続の開始があったことを知った日の翌日から4か月を経過した

日の前日までにＣの所得税の準確定申告を提出することになります（所得税法120条、125条）。

社会福祉法人に信託を通さず寄附した場合は、寄附金の所得控除（所得税法78条、所得税令217条５号）、または寄附金の税額控除（租特法41条の18の３第１項１号ハ）を利用して、所得税を減らすことができます。

信託財産に属する財産を寄附した場合の寄附金の所得控除や寄附金の税額控除については明確に規定されていません。

信託の受益者は、信託財産に帰せられる収益及び費用は当該受益者の収益及び費用とみなして、この法律の規定を適用する（所得税法13条１項）ことから、受託者が特定寄附金を支出した場合は、少なくとも、受益者に寄附金控除は認められるべきと考えます。

金銭の場合は譲渡所得が生じないので、寄附金控除だけ考えればよいのですが、上場株式のように時価と取得価額の差額である譲渡益が生ずる場合は注意が必要です。この場合も寄附金控除等を利用することができますが、これらの控除は、控除限度額（所得税法78条１項、租特法41条の18の３第１項）があり、控除限度額を超える譲渡益が生じている場合は、所得税課税が生ずることもあります。所得税課税を回避するためには、国税庁長官に租税特別措置法40条の規定による非課税の承認申請を、原則的には寄附した日から４か月以内に被相続人の納税地の税務署に行わなければなりません（租特法40条、租特令25条の17第１項）。これは要件が厳しく、必ず承認申請が認められるとは限りませんし、信託財産に含まれる上場株式の譲渡も適用可能と考えられますが、明確ではないため事前に確認することが必要です。

なお、所得税の障害者控除は、「事例2　親なき後問題　3　税務解説」を参照してください。

（4）　公益信託の税制改正

公益信託という信託があります。これは、受益者の定めのない信託で、公益を目的とする信託として許可を受けたものであり、公益信託ニ関スル法律に基づいて設定されます。

「公益信託制度については、公益法人と社会的に同様の機能を営むものであることにかんがみ、先行して行われた公益法人制度改革の趣旨を踏まえつつ、公益法人制度と整合性のとれた制度とする観点から、遅滞なく、所要の見直しを行うこと」という信託法及び信託法の施行に伴う関係法律の整備等に関する法律案附帯決議が2006（平成18）年12月7日に行われたにもかかわらず、今日まで抜本的な改正が行われていませんでした。

　しかし、2023（令和5）年11月30日の新しい時代の公益法人制度の在り方に関する有識者会議における制度改革のスケジュールによると、公益法人制度の改正と平仄を合わせる形で2024（令和6）年に改正法案が国会に提出され、2026（令和8）年に新公益信託法令が施行される予定です。

　公益信託の現行税制は公益信託を3類型（公益信託、特定公益信託、認定特定公益信託）に区分し、区分した信託ごとに課税関係が異なっています。公益法人並みの非課税の適用を受けるものは、認定特定公益信託に限られ、公益信託の場合は、個人の委託者が公益信託設定後に死亡した場合、委託者の相続人が公益信託財産を取得したものとみなして相続税課税の対象となっており（相続税法附則24条）、法人が委託者の場合は、信託財産から生ずる所得につき法人税が課税されるというような状況でした（法人税法附則19条の3第1項）。

　2024（令和6）年度の与党税制改正大綱において、公益信託の税制が抜本的に改正されることが明示されました。大綱から公益信託をあたかも公益法人とみなし、公益法人並みの非課税措置がとられるのではないかと考えます。公益信託から生ずる所得は非課税となります。公益信託に財産を信託した委託者は、キャピタルゲインが生じた場合は、公益法人と同様の非課税措置や寄附金控除の適用も可能となり、相続人が相続財産を公益信託に信託した場合は、相続税が非課税となります。公益信託から給付を受ける財産については、「その信託の目的にかかわらず贈与税を非課税とする。」と大綱に記載されていますが、これは、法人からの贈与とみなされているから贈与税の対象外という意味のようにも思われます。おそらく公益法人と同様に個人が公益信託から奨学金の給付を受けた場合は非課税になると考えます。なお、消費税に関しては、受託者に対して、固有財産と区分して課税されることに

x

x

なります。

　法令もまだ公表されていない大綱レベルの情報に基づきますが、公益信託を利用することにより、公益法人を設立するよりも少ないコストで社会貢献が可能となることから、今後、公益信託の活用が、信託の利用を促進する可能性が高いと期待しています。

4　契約条項例

　ここでは、本信託においてポイントとなる条項例を示します。基本となる信託契約書例は本書78頁を参照してください。

第○条（自己信託の設定）

　委託者は、第○条の信託目的に従い、第○条の信託財産に関し、受益者のために、当該信託財産の管理または処分及びその他の本信託目的の達成のために必要な行為を自ら行う。

第○条（信託財産－預金）

　委託者は、本信託の意思表示を行った後、遅滞なく、信託財産目録記載○の預金を払戻し、信託財産に属する財産としての預金専用の口座に入金する。

第○条（信託財産－株式）

　委託者は、本信託の意思表示を行った後、速やかに、株式会社○○に対し、信託財産目録記載○の株式が信託財産に属する旨を株式名簿に記載または記録することの請求その他必要な手続きを行う。

第○条（受託者の分別管理義務）

　受託者は、信託財産に属する金銭、預金及び株式と受託者の固有財産とを、以下の各号に定める方法により、分別して管理しなければならない。

（１）　金銭　　信託財産に属する財産と受託者の固有財産とを外形上区別

できる状態で保管する方法

（2）　預金　　信託財産に属する預金専用の口座を開設し当該口座で管理する方法

（3）　株式　　株主名簿に信託財産に属する旨を記載または記録するとともに、その計算を明らかにする方法

第○条（後継受託者の指名）

　当初受託者が信託法第56条各号の事由により受託者の任務を終了したときは、後継受託者として以下の者を指定する。

　　　　住所

　　　　氏名

　　　　生年月日

第○条（受益者代理人の指定）

1．次の者を、受益者Cのための受益者代理人として指定する。

　　　　住所

　　　　職業　　弁護士

　　　　氏名

2．本信託終了前に前項の受益者代理人が死亡その他の原因によりその事務を行えなくなった場合には、次の者を後継の受益者代理人として指定する。

　　　　住所

　　　　職業　　弁護士

　　　　氏名

3．受益者代理人は、受益者及び受託者の同意を得て辞任することができる。

4．受益者代理人の報酬は、以下のとおりとする。

　　　　月額○万円（消費税込）

第○条（信託の終了事由）

本信託は、以下の各号に該当する事由が生じたときは終了する。

（1） 受益者Ｃが死亡したとき。

（2） その他信託法が定める信託終了の原因があるとき。

第○条（帰属権利者の指定）

1．本信託が本信託契約書第○条（信託の終了事由）第1号の定め（受益者Ｃの死亡）により終了したときの残余財産の帰属すべき者を、以下のとおり指定する。

　　　　住所

　　　　法人の名称

2．本信託が本信託契約書第○条（信託の終了事由）第2号の定め（その他信託法が定める信託終了の原因）により終了したときの残余財産の帰属すべき者として、本信託終了時の受益者を指定する。

（伊庭潔・菅野真美）

10 ペットのための信託

《事　例》

　私Ａ（75歳）は、犬Ｂ（5歳）を飼っています。私にとって、この愛犬Ｂはとても大切な家族です。犬の寿命は15年くらいなので、私の方が先に亡くなるかもしれません。もし、私が先に亡くなったとしても、この愛犬Ｂには幸せな生活を送らせたいと考えています。そのために、私は、この愛犬Ｂのために財産を残したいと考えています。

　私の夫はすでに亡くなり、子Ｃ（45歳）がいますが、孫（15歳）が犬アレルギーのため、子Ｃに愛犬Ｂを任せることはできません。

　私には、親しい友人として犬仲間のＤさん（60歳）がいます。できればＤさんに愛犬Ｂの世話を頼みたいと考えています。ただ、Ｄさんには、「愛犬Ｂの世話をしてもよいが、多額のお金を預かることはトラブルの元となるのでしたくない」と言われています。

《信託スキーム例》

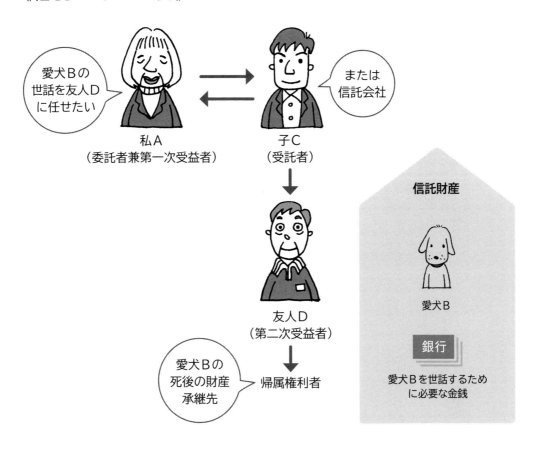

愛犬Bの
世話を友人D
に任せたい

私A
（委託者兼第一次受益者）

または
信託会社

子C
（受託者）

信託財産

愛犬B

銀行

愛犬Bを世話するた
めに必要な金銭

友人D
（第二次受益者）

愛犬Bの
死後の財産
承継先

帰属権利者

10

ペットのための信託

　ペットを飼いたいと考えている高齢者は非常に多くいます。しかし、高齢者は、今からペットを飼い始めると、ペットよりも自分が先に亡くなってしまうことを心配し、ペットを飼うことを躊躇してしまうことがあります。仮に、高齢者自身がペットよりも先に亡くなっても、ペットが、終生、適切な飼育環境で過ごすことができるという将来の道筋がはっきりしていれば、高齢になっても安心してペットを飼うことができます。

　ご質問の件では、相談者Aさんの死後に、愛犬Bとその愛犬Bを世話するために必要な金銭を信託財産として、信託を設定する方法が考えられます。

　本事例において信託を設定する場合、受託者を誰にするかが問題となります。子Cさんは愛犬Bを飼うことはできませんが、受託者として協力してくれるのであれば、Cさんを受託者とすることが考えられます。Cさんの協力

が得られない場合には、受託者として信託会社に依頼することを検討します。

　受益者については、信託契約締結後、相談者Aさんの存命中には、Aさん自身を第一次受益者とすることが一般的です。Aさんの死後には、愛犬Bの世話をしてくれる友人Dさんを第二次受益者とします。

　愛犬Bが亡くなると信託を終了させます。信託終了時に、信託財産となっていた金銭を誰に承継させるかを検討します。例えば、動物愛護団体などに、信託終了後に残った財産を寄附することができます。

1 信託を使うメリット

① 愛犬Bの飼育環境について、相談者Aの生前に、Aの希望に沿った内容の仕組みを作ることができます（財産管理）。

② 相談者Aは、高齢になってもペットを飼うことができます。

③ 終生、愛犬Bを適切な環境で生活させることができます。

④ 愛犬Bが亡くなった際に余っている財産を、相談者Aが希望した団体などに寄附することができます（承継）。

2 法務解説

（1） 当事者

ア 委託者

本事例では、相談者Aが委託者となります。

相談者Aは愛犬Bの飼い主です。A自身が亡くなった後の愛犬Bの飼育環境などについて、委託者であるAの希望を実現するために、本信託は利用されることになります。

イ 受託者

本事例では、子Cを受託者とすることが考えられます。

子Cの子（相談者Aの孫）は犬アレルギーであり、子Cに愛犬Bを預けることはできません。しかし、本信託における受託者の主な任務は、Aから渡された金銭を管理することになります。この金銭の管理であるならば、子Cの協力を得ることは可能と思われます。

仮に、子Cの協力が得られず、かつ、他に受託者としての適任者が見当たらないときには、信託会社を受託者とすることを検討します。なお、信託会社を受託者とする場合には、信託報酬を支払うことになります。

ウ　受益者

（ア）当初（第一次）受益者

　本事例では、相談者Aが存命中には、A自身を当初（第一次）受益者とします。

　信託を設定する場合、受益者を定めるとともに、信託行為によって、その受益者が取得する受益権の内容も定める必要があります（信託法2条7項参照）。本事例においては、相談者Aが取得する受益権の内容としては、信託財産となっている愛犬Bを飼育する権利及び金銭または預金から愛犬Bの飼育費の給付を受ける権利とすることが考えられます。

　飼育費の給付方法については、相談者A自身が受益者であるときには、A自身の判断を尊重し、Aが飼育費の給付を求めた際には、受託者である子Cはその求めに応じるようにします。

（イ）第二次受益者

　相談者A（委託者兼当初（第一次）受益者）が亡くなった場合には、第二次受益者として友人Dを指定します。

　友人Dについても、相談者Aと同様の内容の受益権を認めることになります。

　飼育費の給付方法については、まず、愛犬Bを飼育している友人Dの申し出に基づき、受託者である子Cがその適否を判断したうえで、飼育費を給付することにします。

エ　残余財産受益者または帰属権利者

　飼い主である相談者Aとしては、愛犬Bのために、十分な財産を残そうとすることが一般的です。そのため、愛犬Bが亡くなった際、受託者のもとにはある程度の財産が残ることが想定されます。

　まず、第二次受益者となっている友人Dに残余財産を渡すということも考えられます（この場合には、友人Dはすでに受益者になっているので、帰属権利者ではなく残余財産受益者ということになります（信託法182条1項参照））。しかし、友人Dが残余財産を取得できるとすると、愛犬Bが亡くなった際に少しでも多くの財産を受け取るために、友人Dが愛犬Bのために必要な支出をし

ないという行動に出るかもしれません。例えば、愛犬Bが病気や怪我になった際にも、必要な治療や手術を受けさせないという心配があります。そのため、本信託において、第二次受益者である友人Dを残余財産受益者に指定することは適切ではありません。

　次に、受託者である子Cを帰属権利者と指定することも考えられます。しかし、この場合も、愛犬Bが亡くなった際に多くの残余財産を受け取ろうとして、子Cが必要な支出をしない懸念があるのは、上記の友人Dの場合と同じです。したがって、本信託において、受託者である子Cを帰属権利者に指定することも適切ではありません。

　そこで、愛犬家である相談者Aが、動物愛護団体などを帰属権利者として指定することが考えられます。

　なお、相談者Aがどうしても友人Dや子Cを残余財産受益者または帰属権利者として指定したいと希望した場合には、本信託が適切に運用されるように監視・監督する役割をもつ信託監督人（信託法131条以下）を指定するなどの工夫が必要です。

（2）　信託行為

　本信託のようなケースでは、相談者Aを委託者として、子Cを受託者として、Aと子Cとの間の信託契約（信託法2条2項1号、3条1号）を締結することが一般的です。

（3）　信託財産

ア　愛犬B

　本信託では、愛犬Bを信託財産としています。愛犬Bと金銭を同時に信託することによって、相談者Aが亡くなった後に、第二次受益者である友人Dに愛犬Bの世話を任せ、かつ、その世話に必要な費用の手当てをすることを意図しています。

　愛犬Bは動産として扱われます。動産については、信託財産であることを

公示しなくとも、信託財産であることを第三者に対抗することができます。

　また、動産の分別管理方法としては、信託法上、信託財産の属する財産と固有財産とを外形上区別することができる状態で保管する方法が要求されています（信託法34条1項2号イ）。ただ、本信託においては、愛犬Bは、相談者Aが存命中にはAのもとにおいて、Aが亡くなった後には友人Dのもとで生活することになっていますので、受託者のもとで分別管理を行う必要はないと考えられます。

　ただ、このように愛犬Bも信託財産とすると、相談者Aが生きているうちに、愛犬Bの形式的な所有権が受託者である子Cのもとに移転することになります。形式的ではあっても、愛犬Bの所有権が子Cに移転することについて、Aが望まないことも考えられます。Aにそのような希望があるときには、愛犬Bを信託財産とはせず、愛犬Bは信託外において、Aから友人Dに遺贈する方法をとることが考えられます。

イ　金銭

　受託者が愛犬Bを飼育するには、愛犬Bの餌代や医療費の支払いのために、ある程度の金銭が必要になります。最近では犬の寿命が延びており、高齢になった犬の医療費は高額になることがありますので、ある程度の金銭を受託者に委託することが必要になります。信託された金銭を、受託者は金銭のまま管理することも、預金して管理することもあり得ます。

　金銭または預金債権については、信託財産であることを公示しなくとも、信託財産であることを第三者に対抗することができます。

　信託法では、金銭または預金債権の分別管理の方法として、受託者に、その計算を明らかにする方法しか要求していません（信託法34条1項2号ロ）。しかし、受託者に信託財産の適切な管理を求めるためには、信託行為によって、受託者に対し、金銭に関しては受託者の固有財産と外形上区別できる方法、預金債権に関しては信託預金の専用口座を開設する方法を義務付けることが望ましいと考えられます。

（4） 信託期間

　本事例においては、愛犬Ｂを終生適切な環境のもとで生活させることが相談者Ａの希望です。そのため、信託期間は、本信託契約時から愛犬Ｂが亡くなるまでになります。

　信託条項において、信託期間として規定する方法もありますが、一般的には、信託の終了事由として規定します（信託法163条９号）。

（5） その他

ア　信託目的

　信託目的は、受託者が信託事務を行う際のガイドラインになるばかりではなく、受託者が行う信託事務がその権限内の行為かどうかの判断基準にもなります（信託法26条参照）。そのため、信託契約には信託目的を必ず記載するとともに、できる限り具体的に規定することが望ましいと考えられます。

　前述のとおり、本信託の目的は、主に、相談者Ａの死亡後、愛犬Ｂを終生適切な環境のもとで生活させることになりますが、副次的には、愛犬Ｂが亡くなった際の残余財産の帰属先を決めておくことになります。

イ　信託監督人の選任の要否

　前述のとおり、帰属権利者に本信託とは関係がない動物愛護団体などを指定する場合には、特に、信託監督人を指定する必要はないと考えられます。

　他方、残余財産受益者として第二次受益者である友人Ｄを、または帰属権利者として受託者である子Ｃを指定する場合には、本信託が適切に運用されるように監視・監督する役割をもつ信託監督人（信託法131条以下）を指定することが必要になってくるでしょう[1]。

1　日本弁護士連合会の「民事信託業務に関するガイドライン」（2022（令和４）年12月16日）では、民事信託では、原則として、信託監督人または受益者代理人の監督機関を設置することを求め、その監督機関には信託契約書の案文を作成した弁護士が就任することが望ましいとしています（「Ⅱ　民事信託業務を行う際の留意点　第10 弁護士による継続的な関与」）。

③ 税務解説

（1） 信託設定時の課税関係

　この事例においては、相談者Aを委託者、子Cまたは信託会社を受託者とし、愛犬Bと金銭を信託財産として信託を設定します。第一次受益者は委託者のAです。受託者への委託者からの財産の移転は形式的なものであることから、受託者が取得した財産について、受託者において受贈益のようなものが課税されることはありません。税制では、実質的に利益を取得した者に課税します。信託設定による受益者は委託者のAであり、信託の設定により他者への利益の移転はないことから、課税関係は生じません（所基通13-5（1））。

（2） 相談者Aの相続発生時の課税関係と愛犬の評価

　相談者Aの相続発生により、受益者は友人Dになります。友人Dが受益権をAからの遺贈により取得したものとして相続税の課税対象となります（相続税法9条の2第2項）。友人Dが取得したのは受益権ですが、受益権のもととなる愛犬Bと金銭の価額で受益権を評価することになります（同条6項）。

　犬は動物ですが、これも相続財産の1つとして、評価額の算定方法が財基通において、次のように定められています。

> （牛馬等の評価）
> 134　牛、馬、犬、鳥、魚等（以下「牛馬等」という。）の評価は、次に掲げる区分に従い、それぞれ次に掲げるところによる。
> 　（1）　牛馬等の販売業者が販売の目的をもって有するものの価額は、前項の定めによって評価する。
> 　（2）　（1）に掲げるもの以外のものの価額は、売買実例価額、精通者意見価格等を参酌して評価する。

愛犬Bの区分は（2）で、相続時に同じような犬がペットショップでどの程度の価格がついているのか等から評価されると考えます。金銭が普通預金として保有されている場合は、相続時点での残高で評価します（財基通203）。

なお、友人Dは相談者Aの相続人でないことから、もし相続税が生ずる場合は、一親等の血族や配偶者よりも2割増しの相続税を納めなければならないことになります（相続税法18条）。

（3） 愛犬Bの死亡時の課税関係

愛犬Bが死亡した時に信託は終了し、残余財産は帰属権利者に承継されます。もし、帰属権利者が第二次受益者の友人Dである場合は、信託終了の前後で、財産の実質支配者が変わらないことから課税関係は生じません（所基通13-5（2））。しかし、帰属権利者が、受託者である子Cの場合は、第二次受益者の友人Dから金銭の贈与を受けたものとみなされ（相続税法9条の2第4項）、残高が110万円（相続税法21条の5、租特法70条の2の4）を超えた場合は贈与税の課税が生ずることになります（相続税法21条の2、21条の7）。

もし、帰属権利者を動物愛護団体として指定した場合、金銭の残額が動物愛護団体に寄附されることになります。実際には受託者の子Cから動物愛護団体への寄附となりますが、税制では寄附直前の受益者である友人Dが寄附したものとみなして所得税を計算します。

金銭を寄附した場合は、譲渡所得は生じません。

寄附金が、寄附金控除や寄附金税額控除の対象となるかは、動物愛護団体がどのような法人等で設立されたかによって、一般的には判断されます（所得税法78条、所得税令217条、租特法41条の18の3）。

寄附金課税については「事例9 自己信託 3 税務解説（3）子Cの相続発生時の課税関係と寄附金課税」をご参照ください。

なお、寄附を受けた法人が公益法人やNPO法人の場合は、原則的には、寄附金収入について収益事業の収入に該当しないことから法人税は課されません（法人税法4条、6条、法人税令5条2項1号、特定非営利活動促進法70条1項）。

4 契約条項例

　ここでは、本信託においてポイントとなる条項例を示します。基本となる信託契約書例は本書78頁を参照してください。

第〇条　（受託者の分別管理義務）

　受託者は、信託財産に属する金銭及び預金と受託者の固有財産とを、以下の各号に定める方法により、分別して管理しなければならない。

　（1）　金銭　　信託財産に属する財産と受託者の固有財産とを外形上区別できる状態で保管する方法

　（2）　預金　　信託財産に属する預金専用の口座を開設し当該口座で管理する方法

第〇条　（受益権の内容）

　受益者は、受益権として、以下の内容の権利（以下「受益債権」という。）及びこれを確保するために信託法の規定に基づいて受託者その他の者に対し、一定の行為を求めることができる権利を有する。

　（1）　犬Bを飼育する権利

　（2）　信託財産に属する金銭及び預金から給付を受ける権利

第〇条　（受益者への飼育費の給付方法）

　受託者は、犬Bの飼育に必要な費用を、以下のとおり給付する。

　（1）　委託者Aが受益者であるときには、Aの求めに応じて給付する。

　（2）　友人Dが受益者であるときには、友人Dの申し出があった場合に、受託者Cが適切な支出か否かを判断したうえで、友人Dに給付する。

第〇条　（信託の終了事由）

　本信託は、以下の各号に該当する事由が生じたときは終了する。

　（1）　犬Bが死亡したとき。

（２）　その他信託法が定める信託終了の原因があるとき。

第○条　（帰属権利者の指定）

　本信託が本信託契約書第○条各号により終了したときの残余財産の帰属すべき者を、以下のとおり指定する。

　　　動物愛護団体○○

（伊庭潔・菅野真美）

※家族信託®は、一般社団法人　家族信託普及協会の登録商標です。

サービス・インフォメーション

―― 通話無料 ――

①商品に関するご照会・お申込みのご依頼
　　　　TEL 0120(203)694／FAX 0120(302)640
②ご住所・ご名義等各種変更のご連絡
　　　　TEL 0120(203)696／FAX 0120(202)974
③請求・お支払いに関するご照会・ご要望
　　　　TEL 0120(203)695／FAX 0120(202)973

●フリーダイヤル(TEL)の受付時間は、土・日・祝日を除く
　9:00～17:30です。
●FAXは24時間受け付けておりますので、あわせてご利用ください。

パッとわかる　家族信託コンパクトブック
― 弁護士のための法務と税務 ― ＜改訂版＞

2018年 9 月30日　初版発行
2024年 3 月15日　改訂版発行

編　著　　伊東 大祐　伊庭 潔　菅野 真美　戸田 智彦
発行者　　田 中 英 弥
発行所　　第一法規株式会社
　　　　　〒107-8560　東京都港区南青山2-11-17
　　　　　ホームページ　https://www.daiichihoki.co.jp/

弁家族信託改　ISBN 978-4-474-09293-8　C2032（2）